CONSULTORIO PARA PAREJAS EN CRISIS

DOCTORA ELIZABETH VLIJT

Contenido

Introducción   8

Capítulo 1

Abandono del conyugue.   12

Capítulo 2

Abuso verbal, físico y psicológico.   24

Capítulo 3

Conflictos con los familiares del cónyuge.   30

Capítulo 4

Cuidado personal y apariencia física.   36

Capítulo 5

Diferencias en los niveles espirituales.   42

Capítulo 6

Dificultad en la crianza de los hijos.   48

Capítulo 7

Divorcio y casarse de nuevo.   56

Capítulo 8

Emigrar a otro país.   64

Capítulo 9

Enfermedad física, mental o emocional.   70

Capítulo 10

Falta de adaptación e
inmadurez en el matrimonio.   76

Capítulo 11

Incompatibilidad de caracteres.   82

Capítulo 12

Mala administración en la economía.   88

Capítulo 13

Falta de confianza en el cónyuge.   94

Capítulo 14
    Mala Comunicación.   100
Capítulo 15
    Muerte del cónyuge.   106
Capítulo 16
    Familias disfuncionales.   114
Capítulo 17
    Problemas sexuales.   130
Capítulo 18
    Parejas de más de 10 años de casados.   156
Capítulo 19
    Yugo desigual.   158
Capítulo 20
    Pecados cometidos que acarrean
    condenación (cómo romperlas).   166
Capítulo 21
    Problemas relacionados
    con el trabajo fuera de casa.   184
Capítulo 22
    Problema de autoridad en el hogar.   192

Introducción

Este libro es el resultado de más de 20 años de trabajo en el área de consejería matrimonial. Ha sido elaborado con el propósito de ayudar aquellas parejas de una manera más fácil y directa, ya que tienes el consultorio en tu casa y en un momento de crisis cuando no puedes ir a una cita con un profesional puedes consultar lo que se podría hacer en tu situación. También puedes cada ves que quieras leerlo y estudiarlo junto con tu pareja, con amigos, o solo.

Hemos recopilado todos los temas más importantes en una relación de pareja. Los temas han sido desarrollados con la intención de resumir cada situación al máximo y dar mas espacio al consejo que a la descripción del problema. Naturalmente que también te explicamos en la medida de lo posible lo que la biblia enseña en relación a estos temas.

Debes entender que muchos temas conyugales y de familias no están muy claros en la Palabra de Dios y debemos estar abiertos a que Dios hable siempre a nuestro corazón y consciencia para llegar a un perfecto equilibrio, biblia y conciencia del hombre.

Hemos puesto énfasis en la Palabra de Dios haciendo un llamado a tu consciencia y apelamos a la confianza que tienes en que el matrimonio es algo serio y es el proyecto más importante de Dios con el hombre después de la salvación. Por esta causa debes agotar todos los recursos que puedas antes de darte por vencido y aceptar un divorcio como solución.

Capítulo 1

Abandono del conyugue.

1. Cuando siento miedo que mi pareja me deje.

Es natural que una persona que ha sido abandonada en alguna ocasión; sienta en su interior que será abandonada de nuevo en cualquier momento. Existe la posibilidad en algunas relaciones que uno de los dos cónyuges se canse y por alguna razón diferente de cada caso abandone el hogar por un periodo de tiempo y luego vuelva a casa o la relación se dé por terminada.

En cualquiera de estos casos lo más importante es entender que el amor debe de ser mutuo y que nunca debemos rogar por el amor de nadie y tampoco obligarnos o condenarnos a quedarnos con alguien al que estamos completamente seguros de no amar. La palabra de Dios nos asegura de que recibiremos ayuda de Dios y consuelo.

Una relación que no está basada en el respeto y la sinceridad debemos evaluarla. El respeto y la honra debe ser la base de una relación.

Hebreos 13:4-6 Versión Biblia de Las Américas*

4 sea el matrimonio honroso en todos, y el lecho matrimonial sin mancilla, porque a los inmorales y a los adúlteros los juzgará Dios. 5 sea vuestro carácter sin avaricia, contentos con lo que tenéis, porque Él mismo ha dicho: Nunca te dejare ni te desamparare, 6 de manera que decimos confiadamente:

El Señor es el que me ayuda; no temeré.

¿Qué podrá hacerme el hombre?

> **Lección a aprender**
> *Debes tener dignidad como persona, buscar la paz y la reconciliación sin arrastrarte por el suelo suplicando que te amen como que no tienes valor.*

Consejos útiles:

- No caer en pánico; asegurarse de que realmente se ha ido de casa y que no es una falsa alarma o un simple enojo, o simplemente quiere manipular la situación.

- Luego hay que orar y buscar ayuda de alguien que pueda ayudarte a pensar con cordura y claridad.

- Si hay niños es bueno no decir nada hasta estar seguros de la situación.

- Una vez seguro hay que tomar en cuenta algunas cosas como: Avisar a sus familiares de que la persona se ha ido, avisar a los niños de una manera sana sin ponerlos en contra de su padre o madre.

- Cuando la persona busque contacto tratar de buscar una manera sana de hablar. Usando los principios de la buena comunicación.

- Preguntar claramente a la persona las causas de su partida y reiterarle que quieres que vuelva a casa con la condición de que se busque ayuda.

- Normalmente después de unas semanas si la pareja se ama y tienen la ayuda correcta; poniendo en práctica los principios correctos, la persona vuelve a casa.

- Hay que tener cuidado de no convertir esta situación en un circulo ya que las parejas que se acostumbran a salir de casa cuando discuten o tienen una crisis no les es fácil volver a no hacerlo y caen en un círculo dañino para los dos.

2. Mi pareja ya no me quiere. O quizás eres tu que ya no amas a tu pareja.

Hay situaciones en la que la pareja ya no quiere a la otra persona y decide huir del hogar. Muchas veces esto viene producto de conflictos sin resolver, de mala comunicación y en último caso de que se ha acabado el amor.

Aquí te dejo unos versículos para que los estudies y dejes

que la Palabra te llene de su amor. Estudia 1 Crónicas
5:19 -20.

- Como dijimos en los consejos anteriores debes
  estar seguro de que no te ama, no porque te lo diga
  enojado sino porque en varias ocasiones, mientras
  están serios te lo ha dicho y confirmado con
  seriedad.

- Una vez que ya sabes que no te quiere debes
  de preguntarle si quiere seguir adelante con la
  relación. En muchos casos las personas dicen no
  querer a alguien porque están heridos, tienen miedo
  o no quieren seguir sufriendo.

- Una vez que esté claro si quiere seguir con la
  relación deben urgentemente buscar ayuda
  profesional para que puedan juntos descubrir cuál
  es la causa del problema de que el amor se ha
  enfriado o tal vez se ha abusado de ese amor.

- Te aconsejo que, aunque después de algunas
  secciones de consejería todo marche supuestamente
  perfecto termines el proceso de sanidad junto a tu
  cónyuge.

- Si eres tú que no amas a
  tu pareja te aconsejo que
  te asegures de que no es
  una decepción o un enojo
  lo que sientes.

Lección a aprender
Dios cuidará de ti cualquiera que fueran las circunstancias. No dejes que la desesperación te engañe siempre saldrá el sol para ti.

- ¿Cómo saber si ya no amas a tu pareja?

- Si ya ha pasado mucho tiempo sintiéndote triste, desanimado o te sientes que ya no quieres seguir porque tu pareja ha abusado de tu amor.

- No te ha valorado, te ha insultado, maltratado y después que has intentado todo ya no sientes nada ni emocional ni físicamente.

- Debes saber que, aunque no le ames o creas que es así debes tener cuidado con tus sentimientos ya que el amor es una decisión no una emoción y debes dominar eso que sientes ya que tienes un compromiso moral y espiritual con tu pareja.

- Deben buscar ayuda y ver realmente en donde está el problema.

- Pasar un proceso de sanidad de problemas pasados y aceptar el perdón de tu pareja y perdonar.

- Luego debes esperar en Dios.

- No puedes tomar ninguna decisión basada en sentimientos.

3. Mi pareja ya tiene otra relación. O quizás eres tú que te estás enamorando de otra persona.

En ocasiones la persona dice que no ama la otra persona porque ya existe una tercera persona; en este caso debes saber tú mismo lo que quieres hacer antes de seguir adelante.

Aquí te dejo una cita bíblica sobre el tema del perdón. Léelo y deja que Dios te ministre (Mateo 6:14-15).

- Debes darte tu valor como persona y no arrastrarte detrás de alguien que ya no te quiere.

- Si tu pareja después de una infidelidad quiere que el matrimonio sea restaurado, te pide perdón y te asegura que no siente nada por la otra persona, tienes la mitad del terreno ganado.

- ¿Por qué la mitad? porque la otra mitad te toca a ti, tienes que trabajar en tu interior y pedir a Dios espíritu de perdón, ya que en la mayoría de los casos la persona ofendida no quiere salvar el hogar.

- Debes ser sincero y no buscar defectos o errores en tu pareja cuando en realidad ya existe otra persona emocionalmente en tu mente.

- Esto es un poco doloroso, pero recuerda que lo que hagas hoy tendrá un efecto no muy positivo sobre tu vida. No debes ser deshonesto con la persona que te ama.

- Para sanar tu relación debes ordenar tu corazón primero y ser completamente honesto con tu pareja, de otra manera no habrá

Lección a aprender
Debes entender que tu bendición no dependerá de nadie y aunque tu pareja no te ame y te abandone la vida sigue y con ella el propósito de Dios para ti.

sanidad.

- Debes terminar cualquier relación que tengas fuera de casa sea verbal, virtual emocional o física. Solo entonces podrás hacer todo lo posible por tu relación.

- Como cristiano debes perdonar; y darle la oportunidad a tu pareja de ser restaurados y que juntos puedan volver a empezar.

- Pero si tu pareja ya no quiere seguir con la relación debes de ser fuerte y dejarle ir ya que no podrás salvar un matrimonio si solo tú quieres salvarlo.

- Es duro aceptarlo, pero es la realidad. Aunque te aconsejo no ir de prisa con los asuntos relacionado con el divorcio y dejar pasar un tiempo considerable para dar tiempo a Dios, la oración y esperar que sea el Espíritu Santo quien obre si quiere que ustedes estén juntos.

4. Mi pareja me dice que me ha sido infiel y que va a tener otro hijo. O soy yo que he sido infiel y he quedado embarazada.

Si la infidelidad ha terminado en un embarazo no deseado, debes de comprender algunas cosas antes de tomar decisiones.

Aquí abajo te dejo algunas citas con el tema de cómo Dios juzga el corazón del hombre. Estúdialas en oración y ten cuidado con lo que haces en esta situación.

(Proverbios 17:2-4, Proverbios 24:11-13 y Mateo 9:4).

- Toma en cuenta los consejos básicos, saber seguro que la información es correcta antes de hablar o tomar una decisión, no porque te hayas enterado por tercero o que lo imagines. Siempre debes asegurarte de saber la verdad por ti mismo y no por terceros.

- Habla primero con tu pareja de lo sucedido. Recuerda habla no grites, sino puedes hablar en ese momento trata de calmarte y luego habla.

- Si eres la que estás embarazada recuerda que Dios te juzgará si no dejas nacer esa criatura, debes ser valiente y pese a lo que suceda proteger a tu hijo.

- Recuerda que no está bien que le hagas creer a tu pareja que es el padre, ya que estarás haciendo daño a más de tres personas, a tu hijo que lo privarás de estar con su verdadero padre, al padre del niño que no sabe que su hijo existe, a tu esposo de saber la verdad de que esa criatura no es su hijo y a los posibles hermanos que ese niño tiene.

- Deja que él elija si quiere criar a ese niño o niña como su propio hijo.

- Si tu eres el hombre engañado recuerda que esa criatura no tiene la culpa de nada, no le hagas daño a tu esposa para evitar que él bebé nazca, muchos hombres lo hacen se ponen violentos con la intención de que suceda algo con la criatura, pero recuerda que Dios sabe todas las intenciones de nuestros corazones.

- Primero pregúntate a ti mismo ¿amo a mi pareja a pesar de lo sucedido? Si la respuesta es un sí, entonces puedes buscar la manera de arreglar la situación.

- Primero debes saber que fue una infidelidad y no que tu pareja quiere abandonarte por otra persona.

- Si es el caso de que quieren seguir juntos, entonces debes de aceptar la criatura y juntos buscar consejería para sanar las heridas de la infidelidad.

- Recuerda que, aunque perdones a tu pareja ahora, luego te llenarás de rabia y te sentirás inseguro de tu pareja.

- Por esta causa deben buscar la manera de orar juntos pedir perdón si tú eres la persona que falló, y no dar más motivos de que se dude de ti.

- Debes comprender que por un tiempo tu pareja hablará de lo que hiciste y de cómo se siente, y tal vez en algunos momentos no te guste, pero debes tener paciencia esto es normal y puede durar de 6 meses a un año o quizás mas tiempo dependiendo de la persona.

- Busquen apoyarse juntos para volver a la confianza que han perdido.

- Recuerden dar amor a ese nuevo bebé y en caso que tú seas la mujer engañada recuerda que tu esposo es el padre de ese bebé fuera del hogar, debes protegerlo y cuidar de él económicamente y emocionalmente.

- Esto significa que él como padre debe sacar dinero cada mes para ayudar a la mantención de este bebé; y que en su momento debe pasar tiempo con él, esto trae como consecuencia que lo verás de vez en cuando en tu casa y tienes que tener la actitud correcta porque Dios te pedirá cuenta de tus actitudes.

- Si te es difícil que de seguro lo es aceptar esta situación busca a Dios y habla con alguien que te ayude a llevar la carga de la situación y que cuando obres mal te pueda corregir.

Capítulo 2

Abuso verbal, físico y psicológico.

Los abusos muchas veces son difíciles de identificar a primera vista, ya que en la mayoría de los casos las víctimas no lo quieren decir porque se sienten culpable y sienten vergüenza de decirlo; inclusive a sus familiares.

Es muy importante que tengamos en cuenta que no es la voluntad de Dios que pasemos por situaciones de peligro y situaciones que con el tiempo pueden volverse peligrosas e insoportables tanto para nosotros, nuestros hijos o inclusive para el abusador.

Hay parejas que desde el comienzo de su relación se acostumbran a discutir faltándose el respeto y con el tiempo llega un momento que esto se vuelve insoportable ya que en la mayoría de los casos uno de los dos se cansa de la situación o pasa el límite que se puede aguantar.

La mayoría de estas situaciones tienen que ver con la ira, el enojo y la manera que nos tratamos cuando estamos enojados.

La biblia habla claro cómo debemos hablar uno con los otros y cómo debemos tratarnos.

Estudia (Proverbios 14:28-30, Proverbios 15:17-19 y Santiago 1:18-20).

Recuerda que hay veces que nos culpamos a nosotros mismos por la manera en que nuestra pareja nos trata, pero el abuso no podemos justificarlo. Abuso siempre será abuso.

Consejos Útiles

1. **Mi pareja siempre está diciéndome insultos y palabras que me hieren. O soy yo que abuso de mi pareja.**

   - Busca una manera de hablar con tu pareja y explicarle que hay maneras en la que pueden resolver los problemas sin necesidad de insultos y de llegar a los golpes.

   - Asegúrate de que tu pareja no es alcohólica, usa drogas o alguna sustancia; ya que si es así puede ser que cuando esté bajo los efectos de una de estas sustancias no tenga control de sí mismo.

   - En este caso debes de hablar con tu pareja para buscar la ayuda correcta.

   - Sin esta ayuda será casi imposible que salgan adelante en la situación.

- Hay que también saber cómo era la familia de la persona que tiene un comportamiento agresivo, ya que muchas veces son patrones viejos aprendidos de los padres.

- Otras veces es porque la persona en el pasado ha sido abusada y luego se convierte en verdugo.

- En cualquiera de los casos hace falta la ayuda de un profesional en la materia.

- Si tu pareja se niega a buscar ayuda y ya has comprobado que usa alguna sustancia o tiene problemas con el alcohol, te aconsejo que tengas cuidado cuando sepas que no está en sí mismo.

- Si tú eres la persona que eres agresiva y usas insultos para hablar maltratando a tu pareja te aconsejo que busques la raíz del problema.

- Mira a ver si hay patrones viejos de tu familia y si ha pasado algo contigo que te ha vuelto agresivo.

- De una u otra manera debes buscar la forma de cambiar ya que esto traerá una consecuencia sobre tu relación y tus hijos y en la mayoría de los casos terminan en separación, maltrato físico y abandono del cónyuge.

- No importa si eres hombre, mujer joven o adulto no justifiques tu manera de tratar a la persona que amas. Busca ayuda antes que sea tarde.

- El primer paso es aceptar tu problema, no justificarte y pedir perdón. Pero recuerda que pedir perdón no será suficiente debes hacer algo para cambiar.

2. **Mi pareja, es agresiva, me pega y le tengo miedo.**

3. **Me ha amenazado de muerte y lo ha intentado.**

- Es importante que no aceptes maltrato físico, si es solo palabras puedes quedarte con él o ella, pero si la cosa pasa de amenazas a maltratos o agresión física, por leve que esta sea debes dejar a esta persona a menos por un tiempo hasta que busque ayuda y acepte su problema.

- De lo contrario puede ser que un día las cosas se salgan del control y termine como nadie quiere.

4. **Mi pareja y yo terminamos nuestras discusiones rompiendo la vajilla.**

- Como te hemos dicho no pueden hacer de sus discusiones un campo de batalla, deben aprender a hablar y comunicarse. En el tema de la mala comunicación puedes leer más.

- En muchas ocasiones una persona se queja de que su pareja es agresiva pero la realidad es que un conflicto es de dos y muchas veces lo que pasa es que se han acostumbrado a una dinámica de insultos y malos tratos que es mutuo.

- Si tú también agredes a tu pareja no te justifiques tú también estás contribuyendo para que haya agresividad ya sea con gestos o toques de manos inofensivos según tú, pero que irritan a tu pareja.

- Debes evaluar si tu también usas tus manos o tu cuerpo para golpear a tu pareja.

- Muchas parejas comienzan con un juego inocente agrediéndose físicamente y en ocasiones estos juegos y manoteos terminan de mala manera y no es porque hay un agresor o abusador sino porque tienen una dinámica equivocada.

- En muchas ocasiones las parejas que han sido amigos por mucho tiempo antes de ser pareja no tienen la dinámica correcta para funcionar en una relación de convivencia de pareja.

- En ocasiones se conocen desde niños o desde una edad muy temprana y los patrones viejos se imponen y esto termina destruyendo la pareja.

- Recuerden que ya no son esos niños del pasado, recuerden que ahora tienen un acuerdo en una relación de pareja y que no son los amiguitos del pasado.

- Ahora son dos adultos que son responsables de niños pequeños y por amor y respeto a esos niños deben de cambiar su dinámica y tener respeto mutuo.

Capítulo 3

Conflictos con los familiares del cónyuge.

Los conflictos con la gente son inevitables ya que cada ser humano es diferente uno de otro, pero hay cosas que sí podemos evitar haciendo caso de lo que nos dice la Palabra de Dios a ese respecto.

Efesios 5:31 Versión Biblia de Las Américas*

Por esto el hombre dejará a su padre y a su madre, y se unirá a su mujer, y los dos serán una sola carne.

Consejos Útiles

1. No me llevo bien con mi suegro o suegra.

- La biblia dice que debemos llevarnos bien y estar en paz con la gente en la medida de lo posible.

- Cuando te casaste también emparentaste con los padres de tu pareja, debes respetarlos y buscar su bien en cuanto esté de tu parte.

- Si no son cristianos debes
  ganarlos para Cristo
  con tu comportamiento
  y buscando a Dios en
  oración. (1 Timoteo 2:1-
  4).

- Debemos orar por ellos y
  ayudarles en cualquier necesidad que tengan si es
  que tenemos las posibilidades y oportunidad.

2. **Tengo problemas con la familia de mi pareja.**

3. **Mi pareja no quiere aceptar que ya somos una
   familia aparte de su madre, padre y hermanos.**

Consejos útiles

- En estos casos haces bien en estudiar la Palabra de
  Dios y hacer caso de lo que la biblia te dice, y lo que
  dice es que dejarás; es decir que no vivirán juntos.

- Hay ocasiones que por una situación específica
  deben vivir junto con la familia, pero si se puede
  evitar evítenlo.

- Lo primero que debe hacerse es tener su propio
  espacio físico aparte de la familia de cada uno de los
  dos, y respetar su intimidad.

 Consultorio
para parejas En crisis

- Hay veces que no se vive junto de espacio, pero se vive juntos de emociones y uno de los dos hace partícipe a la familia contando todos los detalles de situaciones difíciles, esto no contribuye a cosa buena ya que cada persona que sabe el problema se irá a bando de su propia sangre y eso traerá más conflictos innecesarios.

- Tampoco es sano que la familia sea aislada totalmente de la pareja y los hijos.

- En el caso que tengan niños deberán ver a las familias periódicamente y tratar por todos los medios de que haya una buena relación entre cada parte de la familia especialmente con los niños pequeños ya que ellos no entienden de contiendas entre adultos.

- Hay que tratar de no buscar ayuda económica cada vez que sea necesario ya que esto les dará derechos de opinar y traer nuevos conflictos a la relación, además esto no es honesto usar a la familia solo cuando te conviene.

- Hay que tener respeto por los padres de nuestro cónyuge y en la medida de lo posible buscar la paz, recordar sus cumpleaños y días de fiestas, es decir mantener el protocolo correcto con la familia.

- No pecando de ser frío, hay veces que hay que olvidar un poco las diferencias especialmente cuando hay enfermedad o desgracias en la familia mostrarse solidario con ellos.

- En caso que tu familia se quiera siempre meter en tu relación debes de tener en cuenta lo que dice la Palabra que ya ellos no cuentan en tu relación con tu pareja. Tu relación no es de multitudes sino de dos, tú y tu pareja.

Capítulo 4

Cuidado personal y apariencia física.

Este es un tema un poco delicado y que muy pocas veces las parejas se atreven a pensar en voz alta, pero es un tema muy importante para el desarrollo sexual y emocional de la relación de pareja.

Estudia (Cantares 1:1-3).

En estos versículos de Cantares 1:1-3 podemos ver como esta mujer desea que su amado la bese es decir que sabemos no había mal aliento y que la persona se veía bien o estaba arreglada, ya que era deseada.

1. **Mi pareja tiene mal aliento.**

2. **Mi pareja huele mal y no se asea muy bien.**

3. **Mi pareja no se arregla como antes, está muy descuidada.**

Aquí abajo agrupamos todos los consejos relacionados a estos temas.

Consejos útiles

- Lo más importante en este caso es la comunicación directa, sencilla y con mucho tacto, hay que comunicarle a la persona amada que no nos gusta como se ve, como huele o como se higieniza.

- Podría ser que seas tú mismo que tienes el problema de tener mal aliento o estar muy descuidado en las cuestiones de higiene. Si es así deberías hacer algo para cambiar esta situación antes de que tu relación sea afectada.

- Hay que tener en cuenta que en ocasiones la pareja deberá invertir tiempo y dinero para su aseo personal y arreglarse un poco ya que en ocasiones la mujer se descuida un poco su apariencia física ya que está cuidando de los niños pequeños o en ocasiones dispone de poco tiempo y pocos recursos para arreglarse.

- De igual manera sucede con el hombre muchas veces no tienen tiempo o dinero para arreglarse o hacerse un corte de pelo ya que ahora hay que invertir en gastos que antes no se tenían como pago de casa, luz y comida para los hijos.

- Debemos poner de nuestra parte para vernos lo mejor posible y que nuestro cónyuge se sienta bien y desee estar con nosotros.

- También debemos poner de nuestra parte y sacar dinero y tiempo de mutuo acuerdo para los productos de aseos personales y gastos que conllevan estos asuntos.

- Al menos invertir en las cosas básicas ya que debemos estar conscientes que cuando estábamos solteros teníamos más tiempo y más recursos disponibles para esto.

- En caso que tengamos un mal olor; siempre hay soluciones en el mercado o podemos consultarlo con nuestro médico o dentista.

- Hay veces que hay que tratar de cuidarse un poco del sobre peso cuando se tienen muchos años de casados y evitar el descuido en exceso ya que esto puede traer como consecuencia la apatía y falta de deseo sexual.

- Aunque estemos siempre con nuestra pareja debemos de vez en cuando sorprenderle con un nuevo peinado o un vestido nuevo o un nuevo corte de pelo.

- En el caso de los hombres estar afeitados recortados y bien perfumados (Esto no quiere decir que los perfumes deban ser de marcas caras, con oler bien sería suficiente).

- Recuerda no solo quejarte sino invertir para que tu pareja pueda verse bien ya que esto no va a pasar por magia.

- Si como hombre tienes que quedarte cuidando tus hijos mientras ella va a un spa o salón deberías hacerlo y también dejar que ella invierta algo de dinero por mes para esto.

- De igual manera tú como mujer provee para tu marido una camisa nueva o una cita para recortarse etcétera.

- Quiero que tengan muy claro que tu pareja no puede saber lo que piensas o sientes de su apariencia y que eres tú quien deberías decirle con mucho tacto y delicadeza lo que piensas y no solamente hablar, sino ayudar para que él o ella se sientan segura de trabajar en esa área.

- Recuerda que muchas personas cuando van envejeciendo por causa de sus genes tienen determinadas características que no podemos ignorar.

- Tu pareja no podrá evitar cambiar a medida que envejeces y aunque no quiera, verse diferente.

- Lo que te estamos diciendo es cuestión de aseo y de estética no de que quieras cambiar el físico de él o ella siempre.

- Ten en mente que una persona después de dar a luz varios hijos y entrar en edad no se verá igual que cuando tenía 20 años.

- Esto también se aplica a los hombres no es lo mismo

un jovencito de 20 que un hombre ya entrado en
edad.

- Sean amables y justos al desear que su pareja se
vea bien. Ámense como son y busquen agradarse
mutuamente.

Capítulo 5

Diferencias en los niveles espirituales.

Es normal que, aunque seamos una sola carne en lo emocional o sexual en lo espiritual hay veces que no se logra llegar a tener el mismo nivel espiritual y muchas veces esto desencadena conflictos en la relación, debemos aprender a ver cómo ir con ellos sin terminar dañando la relación.

La biblia nos habla de la unidad. Aquí te dejo algunas citas bíblicas para que las estudies. Eclesiastés 4:11-12 y Amos 3:3.

Aquí abajo agrupamos todos estos temas

1. **"Quiero llegar temprano al culto y no puedo porque mi pareja no coopera conmigo"**

2. **"Yo tengo un cargo en la iglesia y mi pareja no"**

3. **"Yo quiero hacer las cosas espirituales y mi pareja no"**

4. **Mi pareja quiere hacer todo en la iglesia, pero yo no.**

5. **Yo no tengo ningún llamado y me cansa que mi pareja siempre está ocupada con las cosas de la iglesia.**

Consejos útiles

- En estos casos haces bien en estudiar la Palabra de Dios y hacer caso de lo que la biblia dice sobre la unidad.

- Debes de estar de acuerdo con tu pareja antes de aceptar cualquier cargo en la iglesia, recuerda que lo primero es tu familia y luego la iglesia.

- Siempre comunícate con tu cónyuge y con tu pastor antes de tomar decisiones que luego terminan en discusiones y frustraciones.

- Debes tratar de comunicarle a tu pareja de una manera sana tus deseos y tus metas espirituales y si es posible que oren juntos para lograrlo.

- En caso que tu pareja no sea cristiana es un poco más complicado, pero siempre debes hablar con paciencia y en oración pedir a Dios que te ayude a poder trabajar en su reino, recordando que siempre hay tiempo para todo.

- Puede ser que tengas niños pequeños, entonces la cosa es un poco más difícil; ya que no podrás ir al mismo ritmo que los que no tienen niños pequeños, deberás esperar que tus hijos tengan mínimo 7 a 8 años para comenzar a dedicarte más en lleno a Dios en relación al servicio cristiano en tu iglesia local.

- También podrían llegar a acuerdos y hacer las tareas de la iglesia por turno.

- Pero en caso que sea un llamado exclusivo para ti, y si tu pareja no tiene llamado, entonces deberás orar, ayunar y buscar mucho consejo cuidando que ese llamado no rompa tu matrimonio, recuerda que siempre hay soluciones, aunque ellas no estén en el presente.

- En el caso de que tengas un llamado debes de saber que eres también madre y esposa o padre y esposo y este debería ser nuestro primer ministerio.

- No debemos invertir todo nuestro tiempo afuera ganando a todos y olvidándonos de nuestro rol en la familia.

- Es verdad no somos responsables de las decisiones que nuestros hijos toman para no servir a Dios cuando son adultos, pero sí somos responsables de cuidar, educar, fortalecer y edificar nuestros hijos y pareja.

- Si Dios te ha llamado sabe tu responsabilidad en esta tierra, busca a Dios y espera tu momento para que luego no te arrepientas por no haber hecho lo que debías.

- No puedes controlar los acontecimientos a tu
  alrededor, pero sí puedes sentir tu consciencia
  limpia de saber que has sembrado bien.

- Si tu llamado es verdadero tu momento llegará
  sin que tengas pérdidas provocadas por tu falta de
  atención en el hogar.

- Muchas gentes llamadas terminan perdiendo su
  familia por esta causa.

- Pide a Dios sabiduría y él te la dará.

- Debemos valorar a las personas que tenemos como
  pareja y no hacerlas sentir mal porque no tengan
  nuestro mismo nivel (crecimiento espiritual y
  madurez), debemos tener tacto y mucho cuidado
  para no herirles.

- Hay veces que hay que tomar decisiones drásticas
  para servir a Dios, pero recuerda que si tienes niños
  las decisiones que tomes siempre les afectarán,
  debes esperar que las condiciones te favorezcan y no
  dañen a nadie.

- En el caso de que tú eres quien no tiene ningún
  llamado o la persona que no te gusta que tu pareja
  está siempre ocupada con las cosas de la iglesia te
  aconsejo que madures y aprendas como manejar
  esta situación y evitar conflictos en tu relación por
  esta causa.

- Debes hablar con tu pareja del asunto y como te

sientes con su ausencia.

- Hacer un plan. Planificarse para servir a Dios y recuerda que la pasión de tu pareja es parte de quien él o ella es y debes ayudar en la medida de lo posible a que haga lo que siente hacer, aunque de una manera que todos estén contentos.

- Hablen juntos, cuídense uno al otro. Ayuda a tu pareja a servir a Dios con todo su corazón.

- Recuerda que habrá momentos en que tendrás que sacrificarte, pero si ese sacrificio provoca en ti un malestar que te hace sentir mal y hasta murmurar debes hablar y juntos buscar una solución que los haga sentir bien a los dos.

Capítulo 6

Dificultad
en la crianza de los hijos.

"Criar hijos no es para cobardes" Dice el doctor Dobson, y yo también lo creo.

La biblia nos dice que ellos son una herencia y que son como saeta en manos del valiente es decir que en cada uno de los casos hay que ser fuerte y emprender la tarea de la crianza de nuestros hijos con determinación.

Estudia los siguientes pasajes bíblicos. (Salmos 127: 3-4, Proverbios 10:1, 15:20, 23:15 y 27:11.).

Según Proverbios 13:1 y 15:5, ¿Cuál es la diferencia entre el hijo sabio y el necio?

La diferencia que vemos en estos versículos es la disciplina.

(La palabra "consejo" es "disciplina" en el idioma original). Lo que nos dicen estos versículos que hablan del consejo que ha recibido uno y la manera en que los padres irresponsables han dejado a su hijo que ahora es necio.

Dejar a los hijos sin disciplina dice la biblia que es una señal de falta de amor de los padres hacia los hijos; aunque creo que algunos padres lo hacen por querer excesivamente a sus hijos.

¿Qué dicen los siguientes versículos sobre cómo nos disciplina Dios?

Deuteronomio 8:5, Job 5:17 y Hebreos 12:5-8.

Estos Proverbios nos resumen la necesidad de que los padres disciplinen a sus hijos.

(13:24, 19:18, 22:15,23:13-14,29:15,29:17) Estúdialos si quieres para ayudarte a comprender la necesidad de la disciplina y la corrección para tus hijos.

Aquí abajo agrupamos todas estas situaciones.

1. **Mi pareja tiene una manera diferente de corregir a los niños y yo me enojo por esto.**

2. **No estamos de acuerdo en cuanto a cuantos hijos queremos tener.**

3. **Cuando se tiene un hijo consentido.**

4. **Cuando los hijos manipulan a los padres.**

5. **Cuando se tiene un aborto indeseado y es una pérdida triste.**

6. **Cuando se pierde un niño por muerte.**

7. **Cuando se trae un hijo de otra relación y yo no soy la madre o padre.**

8. **Cuando se tiene que dar una alimentación a un hijo fuera de casa.**

9. **Cuando los hijos son pequeños y se tienen varios seguidos.**

10. **Cuando los hijos se van de casa.**

Consejos útiles

- En estos casos haces bien en estudiar la Palabra de Dios y hacer caso de lo que la biblia te dice con respecto a la crianza de los hijos, buscar versículos que te ayuden a entender tu papel como padre o madre.

- Primero tienes que entender que los hijos siempre son y serán una bendición de Jehová.

- Lo correcto sería que la pareja antes de tener hijos se ponga de acuerdo en cuantos hijos quiere y comience a prepararse mentalmente para ser padre o madre ya que no es una tarea fácil.

- Hay muy buenos libros que cada pareja puede comprar y leer mientras cría sus hijos, también siempre se puede buscar ayuda en aquellos que ya han terminado la tarea.

- Se debe saber que no es pecado la planificación ya que muchas parejas terminan teniendo hijos no deseados por la mala interpretación de las Escrituras.

- Luego que se está de acuerdo con cuántos hijos se quiere se debe ver si realmente se puede porque

muchas veces hay un trecho entre la teoría y la
práctica.

- Me explico si quieres tener 3 hijos y cuando tienes
  dos no puedes con ellos entonces debes de detenerte
  antes que sea tarde.

- Hay que tener en cuenta que los niños son
  inteligentes y que desde bebé pueden manipular a
  los padres y traer muchos conflictos entre los padres
  sino se ponen de acuerdo; ya que ellos se dan cuenta
  de la debilidad de los padres y saben cuando no
  están de acuerdo.

- Se debe estar de acuerdo en cómo se educarán a los
  hijos antes que ellos estén en una edad que puedan
  entender lo que hablamos. Si es posible escribirlo y
  nunca estar en desacuerdo delante de ellos.

- Siempre hablar lo mismo delante de ellos y no
  prohibirles cosas que nosotros mismo hacemos,
  lo que queremos que no hagan no solo decirlo de
  palabras sino con hechos.

- Debemos tratar a todos los hijos por igual y no
  tener acepción de persona con ellos, no tener
  hijos consentidos ya que esto trae rivalidad entre
  hermanos que muchas veces dura hasta después de
  la muerte de los padres.

- Entender que los hijos son dados por Dios y por esto
  son de él y si un día él los quiere tomar debemos
  aceptarlo no con gozo ya que sería irónico decirlo,

pero si con resignación.

Si has tenido una pérdida (aborto) puedes leer los puntos sobre este tema

- Si tenemos una pérdida es decir un aborto saber que siempre puedes volver a intentar tener otro hijo y que Dios siempre sabe lo que permite en nuestras vidas.

- Si se tienen hijos especiales debe buscar la ayuda adecuada para estar bien preparados y poder ayudarles a desarrollarse lo mejor posible.

- Aceptar que cada niño es único aun cuando son hijos de un mismo padre o madre siempre cada niño será diferente y hay que tratarlos con respeto e individualidad inclusive cuando son gemelos o mellizos.

- Si estamos con niños que no somos su padre o madre debemos entender que nunca substituiremos su padre o madre, pero sí podemos hacerle la vida más agradable a ese niño o niña y no hacer diferencia con él o ella y los hijos de nuestra propia sangre; aun cuando así lo sintamos, de ser difícil pedir ayuda a Dios en oración y buscar ayuda de un asesor familiar.

- Para aquellos que ya sus hijos son grandes y se han ido de casa deben de buscar con qué llenar su tiempo para no sentirse vacíos, y también deben de tratar de dejarles su espacio y no meterse en sus vidas a menos que ellos mismo lo pidan y, aun así, con un límite.

- Los que todavía tienen sus hijos pequeños en casa deben saber que tienen una responsabilidad de enseñarles la palabra de Dios y el poder de la oración.

- Esto solo lo aprenderán en el hogar y no en la iglesia ya que ellos solo aprenden patrones que nosotros mismos como familia les enseñamos.

- No es nuestra responsabilidad que ellos sigan a Cristo igual que nosotros, pero sí es nuestra responsabilidad sembrar la palabra de Dios en ellos.

- Debemos de hacer un altar familiar en el hogar. La regularidad de estos cultos cortos como yo le llamo dependerá de cada familia.

- Debemos asistir regularmente con ellos a la iglesia y dejar que aprendan a adorar a Dios.

Capítulo 7

Divorcio
y casarse de nuevo.

El divorcio nunca fue la idea original de Dios. El no creó al ser humano para la división o la pérdida, sino para la armonía, el amor y la vida en familia. Pero sabemos que desgraciadamente el pecado arruinó los planes originales de Dios y hay ocasiones en que el divorcio es la única solución.

La Palabra habla claro sobre este tema. En Mateo 19:1-12 Jesús enseña sobre el divorcio. (Estudie también Marcos 10:1-12; Lucas 16:18).

¿Qué dice la palabra de Dios sobre el divorcio y el volver a casarse?

Porque Yo detesto el divorcio», dice el Señor, Dios de Israel, «y al que cubre de iniquidad su vestidura», dice el Señor de los ejércitos. «Presten atención, pues, a su espíritu y no sean desleales». Malaquías 2: 16 (Versión

Biblia de Las Américas). *

No importa el punto de vista que tomes en el asunto del divorcio, es importante recordar las palabras que nos dice la biblia "Yo aborrezco el divorcio dice el Señor Dios de Israel". De acuerdo con estas palabras, el plan de Dios es que el matrimonio sea un compromiso de toda la vida.

"Así que ya no son dos, sino uno solo. Por tanto, lo que Dios ha unido, que no lo separe el hombre" (Mateo 19:6 Versión Biblia de Las Américas). *

Sin embargo, Dios en su omnisciencia sabe que el divorcio va a ocurrir, debido a que un matrimonio involucra a dos seres humanos imperfectos.

La polémica de si el divorcio y el segundo casamiento son permitidos de acuerdo con la Biblia, está en torno a lo que Jesús dijo en Mateo 5:32 y 19:9. "excepto en caso de infidelidad conyugal" Este es el único texto que podemos encontrar donde quizás sea un permiso para divorciarse.

Muchos teólogos y estudiosos de las escrituras creen que la cláusula de excepción se refiere a la infidelidad, pero creen que esto se refiere al tiempo en que la pareja estaba prometida como en el caso de José que pensaba dejar a María en secreto porque sin él tocar a María ella estaba embarazada Mateo 1:19.

En la costumbre judía, un hombre y una mujer se consideraban casados, aún mientras todavía estaban comprometidos.

El sexo de una de las partes durante este período de "desposorio" debería entonces ser la única razón válida para un divorcio.

Sin embargo, la palabra griega traducida como "infidelidad conyugal" es una palabra que puede significar cualquier forma de inmoralidad sexual. Esto puede significar fornicación, prostitución y adulterio.

Es posible que Jesús está diciendo que el divorcio es lícito, si se comete inmoralidad sexual.

Las relaciones sexuales solo pueden ser practicadas en el vínculo del matrimonio. Estudia (Génesis 2:24; Mateo 19:5; Efesios 5:31 y 1 corintios 7).

Así que cuando alguien rompe este vínculo, por medio de relaciones sexuales fuera del matrimonio, debería ser una razón para permitir el divorcio.

Jesús también da por hecho el segundo matrimonio en este pasaje. La frase "y se casa con otra" (Mateo 19:9) indica que el divorcio y el recasamiento se le permitiría a la persona ofendida y no al ofensor.

Muchas veces gastamos mucho tiempo filosofando y teorizando sobre este tema cuando en realidad lo que deberíamos hacer es entender que Dios puede restaurar el corazón herido y traer sanidad en un matrimonio que está pasando por un periodo de infidelidad.

Dios nos ha perdonado mucho más. Con seguridad podemos seguir su ejemplo y aún perdonar el pecado del adulterio (Efesios 4:32).

Aunque también debemos entender que si un cónyuge persiste en el pecado y continúa en inmoralidad sexual. No mostrando respeto, consideración y amor hacia su cónyuge sea cuando podemos entender lo que nos dice Mateo 19:9 puede ser aplicado.

Muchos también se divorcian demasiado rápido y no dan tiempo a Dios para restaurar y en ocasiones también están muy acelerados a volver a casarse sin que sus corazones hayan sido sanados de la ruptura pasada.

Se divorcian sin preguntar a Dios cuál es su deseo y se casan de nuevo sin preguntar la voluntad de Dios para sus vidas en estas áreas tan personales.

Es triste que el índice de divorcio entre los cristianos sea casi tan alto como el del mundo incrédulo.

La Biblia deja claro que Dios odia el divorcio (Malaquías 2:16) y esa reconciliación y perdón deberían ser lo que identificara a las parejas cristianas.

Vemos claramente que lo original al principio no fue así, pero hay momentos de dureza de corazón que por esta causa Dios lo permite, no significa que es aprobado o que no tiene consecuencias sobre las personas involucradas.

Situaciones de la que te daremos consejos útiles

1. **Cuando mi pareja es recasada.**

2. **Cuando este matrimonio es mi segundo matrimonio.**

3. **Cuando en mi matrimonio siempre mi pareja dice que quiere divorciarse.**

4. **Cuando es inevitable el divorcio.**

Consejos útiles

*   En estos casos haces bien en estudiar la Palabra de Dios y hacer caso de lo que la biblia te dice con respecto al matrimonio y no los consejos de tus amigos y familiares.

*   No debemos estar cerrados a las personas que han tenido un fracaso matrimonial especialmente cuando esto ha ocurrido antes de que conocieran a Dios.

*   Lo que sí debemos es estar cuidadosos de no tomar a la ligera este tema tan delicado y descuidar nuestra relación matrimonial como si fuéramos una estrella de cine que se casan cada vez que quieren.

*   Debemos tener respeto por el matrimonio ya que es una idea de Dios y algo muy delicado para nuestro futuro espiritual.

*   Cuando tenemos conflictos debemos ser sinceros con Dios y nuestro cónyuge y siempre buscar la manera

de arreglar las cosas no solo de palabra sino de hecho sintiéndolo en nuestro interior.

- Dios nos pedirá cuenta tanto a los que damos consejos sobre este tema como aquellos que toman el tema a la ligera.

- El divorcio afecta bastante los hijos ellos son las víctimas de esas relaciones que terminan en un divorcio, por esta causa hay que ser cauteloso y agotar todas las posibilidades ante de hablar de Divorcio.

- Una vez que ya es inevitable debemos de tomar en cuenta que tenemos que darnos tiempo para empezar otra relación para no pasar la vida en un círculo.

- Si pasas por un divorcio antes de volver a casarte mira bien detenidamente cuales fueron las causas de tu anterior divorcio, no sea que el segundo matrimonio termine igual en otro divorcio y entonces tenga que casarte una tercer y cuarta ves.

Capítulo 8

Emigrar a otro país.

Estar en el lugar que uno ha nacido es una de las cosas más hermosa de la vida, sentirse amado y rodeado de todo cuanto conocemos desde nuestro nacimiento es algo que no tiene precio.

Pero cuando uno tiene que emigrar es una de la experiencia más inolvidable que un ser humano puede experimentar.

Un viaje se ve de distintas maneras cuando se va de vacaciones y cuando se está lejos de casa por alguna otra razón que cuando nos vamos a otro país para vivir allí ya sea para siempre o por un largo tiempo.

Esta experiencia es aun más dolorosa cuando se está solo sin tu pareja.

Dios habla de los extranjeros claramente y dice que no quiere que sean oprimidos.

No oprimirás al extranjero, porque vosotros conocéis los

sentimientos del extranjero, ya que vosotros también fuisteis extranjeros en la tierra de Egipto (Éxodo 23:9 Versión Biblia de Las Américas). *

Vemos claramente que cuando alguien es extranjero hay sentimientos diferentes que juegan un papel importante en el comportamiento de la persona. O sea que cuando somos extranjeros nos vamos a sentir diferente y esto debemos de tomarlo en cuenta antes de tomar decisiones.

El texto también habla de opresión de una situación un poco difícil que experimentaremos cuando estemos en esta condición de habitar en otro país.

La Biblia no sólo prohíbe maltratar u oprimir al extranjero, sino que nos ordena amarle (Levítico 19:33, 34).

Este mandamiento no sólo se basa en la experiencia de Israel en Egipto, sino en el carácter de Dios, quien está a favor de todo aquel que esté en una situación desventajosa.

Pero, aunque Dios cuida de los extranjeros debemos de entender que aun así hay gente que no hace lo que Dios quisiera que hagan con los extranjeros y muchas veces el extranjero se ve expuesto a muchas situaciones difíciles.

Aquí abajo mencionamos una lista de posibles situaciones cuando se emigra a otro país y esto afecta directamente la relación matrimonial.

1. **Cuando mi pareja va a vivir en otro país y estamos separados por mucho tiempo.**

2. **Cuando la familia (con hijos) emigra a otro país.**

Consejos útiles

- En estos casos haces bien en estudiar la Palabra de Dios y hacer caso de lo que la palabra dice sobre el extranjero.

- Dios promete que cuidará de nosotros en cualquier parte que estemos del mundo.

- Debemos saber antes de viajar que siempre, aunque nos planifiquemos para que todo vaya bien, siempre habrá cosas que saldrán no del todo bien.

> **Lección a aprender**
> *El matrimonio es una idea de Dios. Entonces es una buena idea. No menosprecies el proyecto de Dios comienza creyendo en el y teniendo respeto.*

- Debemos saber que no tendremos familiares cerca y que puede ser que pasemos por momentos de tristeza y hasta depresión dependiendo del carácter de cada persona.

- Sería bien antes de emigrar hablar con tu cónyuge y evitar malos entendidos, deben estar cien por ciento de acuerdo en todo antes del viaje.

- Si es uno de los dos que viajará deben hacerlo por corto tiempo no sea que el enemigo les ponga trampas sexuales en el camino.

- Esto es algo que comúnmente ha sucedido mucho que una pareja se separa con la intención de volver a unirse y algo ocurre en el camino. Si por alguna razón deben separarse deben mantener la comunicación por teléfono lo más que puedan si es posible a diario o más de una vez al día. Claro está que esto dependerá de la situación económica del momento y del tiempo que se dispone para hacer estas llamadas. En muchas ocasiones las diferencias de horario juegan un papel en esto y aunque quieren hablar mucho quizás no les será posible y uno de los dos tendrá que sacrificar el sueño para mantener la comunicación.

- Cuando se emigra hay que estar consciente que vendrán cosas que no serán agradable, es aconsejable si hay niños que alguien viaje primero y abra caminos antes que ellos lleguen para evitar más presión sobre la relación de la pareja.

- Inmediatamente que estés en el nuevo país busca alguien que te oriente de las leyes del lugar, busca una iglesia y congrégate lo más regular posible.

- Trata de no estar solo y empieza a hacer amigos preferiblemente de tu propio sexo y cristianos para evitar infidelidades innecesarias.

- Diviértete, pero hazlo de una manera sana. Trata de no alargar mucho el reencuentro con tu pareja y tus hijos ya que esto nunca es para bien en caso que estés separado de tus hijos y esposa o esposo.

- Una vez que ya estén todos juntos recuerda que debes integrarte al país donde vives ya que si no te integras puede ser que pases años viviendo de una

 Consultorio
para parejas En crisis

manera infeliz.

- Recuerda que ahora debes adaptarte al nuevo país, nuevo idioma, clima y cultura y esto no es fácil como se ve en algunas personas.

- Trata de vivir cada día con su afán y no trates de impresionar a tu familia que se ha quedado en tu país natal. Si tienes que ayudar económicamente a alguien hazlo sin sacrificarte demasiado, recuerda vivir tú también.

Capítulo 9

Enfermedad física, mental o emocional.

Tener un ser querido enfermo es una experiencia muy triste, en algunos casos la persona enferma estará mejor (emocionalmente) que los familiares involucrados.

Cuando en una familia se enferma alguien querido, alguien cercano a nosotros, en realidad no solo sufre la persona enferma, sino que también sufre su familia, cada uno con un sufrimiento diferente.

El que está enfermo, por el dolor que tiene, por las cosas que tiene que dejar, que no puede seguir haciendo; y los que están alrededor por cómo les está cambiando la vida, porque no quieren ver sufrir al enfermo, porque muchas veces no saben qué hacer o no saben cómo reaccionar.

En el momento de la enfermedad; todos teorizamos, todos tenemos una teoría de por qué esa persona está enferma; y todos queremos tener la teoría correcta.

Opina el enfermo, opina el familiar cercano, opina el familiar no tan cercano, opina el amigo, opina el enemigo, opina el cristiano, opina el no cristiano; todos queremos tener la respuesta frente al dolor y el sufrimiento.

Hay muchas cosas que debemos aprender frente a la enfermedad. He aquí algunas.

En el momento de la enfermedad nunca hay que mirar al pasado, siempre hay que extenderse al futuro. Eso es muy importante y muy sanador, porque cuanto más le dices a la persona "si te hubieses cuidado no te hubiese pasado", más la dejas en el pasado. Cuando alguien está enfermo no tienes que mandarlo al pasado, tienes que darle esperanza de lo bueno que va a vivir en el futuro. Ya basta de cargar al enfermo diciendo que tuvo la culpa de haberse enfermado: "yo te dije que no fueras así, te dije que te abrigaras, yo te dije tal cosa" y lo volvemos a llevar al pasado; y el pasado no resuelve nada. Lo que esta persona necesita es llenarse de fe para saber que va a venir sanidad divina.

Con respecto al pecado la Biblia dice que Jesús nos ahorró todo castigo, dice que los que estamos en Cristo Jesús no tenemos condenación. Entonces no condenemos a la gente, no le digamos "algún pecado oculto y por eso te enfermaste" porque eso es enterrar en su pecado a la persona y condenarla; y la Biblia dice que el Señor nos ahorró todo castigo porque murió en la cruz para perdonar nuestros pecados.

Dios nos ha prometido que por las llagas de Jesús somos sanados; pero hay muchos casos que nunca reciben sanidad y que no tenemos explicación, sobre estos casos solo podemos darte algunos consejos para ayudarte a aliviar la carga un poco y hacerla más llevadera.

Como verás cada caso es diferente de otro aquí abajo tenemos una lista de situaciones que puede ser una de ella la tuya, con respecto a estos casos daremos algunos consejos.

1. **Estoy enfermo de gravedad y mi pareja está muy irritable.**

2. **Estoy limitado físicamente y me siento mal porque mi pareja tenga que trabajar por los dos.**

3. **Cuando mi pareja tiene depresión.**

4. **Cuando mi pareja tiene problemas emocionales y no quiere buscar ayuda.**

5. **Mi pareja es alcohólica, drogadicta.**

Consejos útiles

- No caer en pánico; asegurarse de que realmente la persona está enferma, no es lo mismo hacerse un examen médico para saber si se tiene una enfermedad que saber que se tiene la enfermedad confirmada por un médico.

- Una vez que ya no hay vuelta atrás, entonces es momento de que busques un buen amigo y te desahogues con él o ella no lo hagas delante del enfermo, tampoco dejes de hacerlo porque si no lo haces no podrás ayudar a tu familiar enfermo.

- Recuerda que una depresión o problemas emocionales también deben ser tratados como enfermedad ya que la persona no está en condiciones normales.

- Siempre deben buscar ayuda profesional cuando sienten que no pueden hacerlo solos.

- A vece sentimos que podemos solos al principio, y hacemos todo lo que podemos para no buscar ayuda hasta que nos damos cuenta que la situación nos supera. Recuerda que es de humanos sentir que no puedes solo y darte la oportunidad de pasar este camino con alguien que pueda ayudarte.

> **Lección a aprender**
> *No dejes que nadie te acuse por estar enfermos, confía en Dios.*
> *No acuses a nadie, no des opiniones cuando alguien esté enfermo y no busques soluciones tu solo deja que alguien te ayude con la carga.*

- No escondas el dolor, tampoco lo saques a gritos ya que la frustración buscará la manera de salir en pequeñas explosiones periódica. Te aconsejo que hagas periódicamente salidas de tu casa hacia otro lugar solo o acompañado, pero sin la persona enferma a tu lado, relájate.

- Si es tu pareja que está enferma y esta enfermedad es de muerte, busquen ayuda emocional y espiritual, deja que alguien ayude a tu pareja con

Consultorio
para parejas En crisis

las emociones no trates de hacerlo tú mismo ya que no siempre lo conseguirás.

- Si tienes limitaciones físicas te aconsejo que las aceptes y busques alternativas no quieras ignorar la situación ya que esto te pondrá mas irritable y será difícil que alguien te aguante.

- Si es tu pareja que tiene limitaciones búscale ayuda no lo hagas todo tu, hay veces que la gente siente vergüenza de que un ser querido tenga que cargar con ellos. Pero si tienen otra persona es más fácil para los dos.

- No te sientas mal si a veces te sientes mejor sin la persona que estas atendiendo es normal que sientas un alivio cuando no estés con él o ella.

- Si es un hijo o hija que está mal traten de ayudar al hijo por turno no lo hagan los dos al mismo tiempo y busquen a alguien que periódicamente les ayude para que ustedes puedan tener su momento de intimidad.

Capítulo 10

Falta de adaptación e inmadurez en el matrimonio.

El matrimonio tiene diferentes etapas, los conflictos son normales hasta que la pareja ha pasado mínima 5 años; no es que después se han acabado los conflictos, pero si hay un receso y también se puede manejar con más tranquilidad cada situación sin llegar a crear una crisis.

La situación es que muchas personas no llegan a madurar y a establecer patrones sanos dentro de sus relaciones.

Estudia 1 Corintios 14:20.

Aquí abajo te damos algunos consejos para mantener tu matrimonio estable y traer una sana adaptación en el mismo.

1. **Cuando pasan los años y la pareja sigue como al principio con los mismos problemas.**

2. **Cuando uno de los dos no quiere buscar ayuda.**

3. **Cuando la pareja es madura de edad (más de 40**

años) y el matrimonio es nuevo.

4. **Cuando la pareja se casa muy joven estoy hablando de parejas que se casaron antes de ser adultos o tener 21 años.**

Consejos útiles

- El problema es que muchas veces uno de los dos no quiere buscar ayuda, en este caso te aconsejo que busques ayuda tú.

- Aunque no siempre ayuda el buscar consejería de parejas uno solo; al menos te ayudará a mantener la calma por un tiempo, lo que puedes hacer es otra cosa; sanarte tú mismo mientras tu pareja se decide a buscar ayuda.

- Es recomendable que lean libros sobre la buena comunicación en la pareja ya que la mayoría de los nuevos matrimonios no tienen buena comunicación.

- Establezcan un día a la semana para salir juntos a divertirse; aunque no siempre tiene que ser a gastar pueden tomarse algo junto y luego caminar a casa, naturalmente solos, sin niños ni amigos.

- Hablen las cosas que no les gusta antes de que llegue una crisis, hagan una rutina de esto, hablen sin estar enojados sobre lo que les molesta.

- Escriban lo bueno y lo malo de cada uno y trabajen para mejorar, periódicamente pregunten a su cónyuge como han mejorado, sean realista, honestos pero compasivos con las críticas.

- Anima a tu pareja de una manera positiva a buscar ayuda, no solo cuando estén enojados, sino cuando sepas que tú pareja está contenta debes aprovechar y lanzar la petición quien sabe y esta vez sí lo logras.

- Asistan a la iglesia, busquen un pastor y asistan regularmente a conferencias de parejas.

- Tengan parejas amigas, compartan con ellas, parejas que ya sean más viejas que ustedes, busquen consejos con ellos.

- En el caso de parejas que se casan adultas o vienen de otra relación deben aprender a deshacer los patrones viejos del pasado, aquellos patrones que rompieron sus relaciones pasadas porque de lo contrario se repetirán los mismos patrones y destruirá el matrimonio nuevo.

- Es importante entender en qué edad se está como persona y en qué etapa está el matrimonio ya que muchas veces estas dos cosas no son compatibles y no se podrán manejar con éxito a menos que se evalúen y se cree una manera sana para que el nuevo matrimonio pueda pasar con éxito las etapas que un matrimonio enfrenta.

- Los matrimonios de menores de edad o jóvenes que aun no son adultos generalmente cuando aumenta la edad uno de los dos se desenamora o ya no quiere seguir con las crisis que ha estado enfrentando.

- En muchos de los casos uno de los dos comienza a crecer emocionalmente o en otras áreas y el otro no.

- Comienzan los cambios en la personalidad de la pareja ya que se casaron siendo unos niños y no hay un crecimiento mutuo y de repente uno de los dos se da cuenta que ya no quiere seguir con esa persona porque siente que no es la misma persona.

- En verdad es así ya que como personas vamos evolucionando y cambiando hasta que nos morimos por eso es importante que la pareja vaya creciendo juntamente con su cónyuge.

- En este caso es importante buscar asesoría matrimonial y luego saber si se quiere seguir con el matrimonio.

Capítulo 11

Incompatibilidad de caracteres.

Una de las causas más nombrada en las separaciones de parejas y los divorcios es la incompatibilidad de caracteres. Es un poco paradójico ya que esa diferencia que les atrae cuando se conocen; Es la misma diferencia que en extremo les separa.

Lo más importante en una relación no solamente de pareja es la buena comunicación.

Para ayudarte a comprenderte mas con tu pareja te damos algunos consejos, pero lo mejor sería que antes de casarte si no lo estás aun puedas establecer una relación sana con tu pareja donde se comprendan y puedan respetar cada diferencia individual.

También es importante identificar la manera en que mi pareja ama o la necesidad que tiene mi pareja y la necesidad que yo tengo como persona para que podamos hablar el mismo lenguaje del amor. No todas las personas tienen las mismas necesidades.

Para poder entender bien a mi pareja debemos entender que todos no nos comunicamos de la misma manera.

Los cinco lenguajes del amor son, palabras, regalos, contacto físico, acto de servicio y tiempo de calidad.

Para que podamos ser compatibles en el carácter y podamos comunicarnos bien lo que sentimos por nuestra pareja debemos saber la manera en que mi pareja se siente amada y yo saber qué necesito de estas cosas mencionadas arriba.

Estudia Efesios 3:17-19.

Esta palabra nos dice claramente que, si Cristo habita en nuestros corazones, aunque tendremos el problema de la incompatibilidad de caracteres Dios nos hará capaces de comprendernos en amor, yo te animo a buscar a Dios y él te ayudará en tu hogar con las diferencias que hay entre ti y tú pareja.

Aquí abajo hay una lista de situaciones de las cuales daremos consejos.

1. **Yo soy pasivo, y mi pareja es agresiva.**

2. **Me gusta la gente y mi pareja no.**

3. **Quiero comer comida chatarra y mi pareja verduras y frutas.**

4. **Yo soy muy maduro, pero mi pareja cree que es un adolescente.**

5. **Mi mujer cree que está viviendo una película.**

6. Cuando no te diviertes con tu pareja y te sientes aburrido.

7. Mi pareja me dice que nos siente que la amo. Aunque hago todo para agradarla.

Consejos útiles

- Lo primero que deben hacer es aceptarse uno al otro tal y como son y aceptar que no puedes cambiar a tu pareja.

- Buscar soluciones, no estar siempre tratando de discutir, comienza pensando qué es lo que quiero lograr con esta discusión. Las discusiones nunca son fructíferas a menos que se tenga el objetivo de lograr algo.

> **Lección a aprender**
> *Los problemas nunca dejaran de estar en nuestras vidas, hoy será uno y mañana otro, los que debemos cambiar de actitud somos nosotros.*

- Hablen sobre lo que no les gusta, pero respétense no usen palabras de ofensas, ni que denigren a la persona.

- No hablen de los familiares en las discusiones, traten de tener discusiones de dos no de multitudes.

- No discutan con público ustedes no son los payasos del circo, toda pareja discute solo que lo hacen sin público, luego la reconciliación sería más fácil cuando no hay testigos para juzgarte.

- Hagan cosas los dos juntos, vean una película, hagan un juego, cocinen juntos, salgan a caminar juntos o vayan al gimnasio.

- Hacer cosas juntos les ayudará a comprenderse uno al otro, no siempre hagan lo que quiere uno de los dos, sino también sacrifíquense uno por el otro.

- Busquen amigos en común y cosas en común, tengan vidas individuales, solamente recuerden que ahora ustedes deben formar una sola carne y eso no será posible si lo único que hacen junto es el sexo.

- Busquen ayuda profesional para ver de dónde vienen los problemas ya que muchas veces el problema no es el carácter sino algo del pasado que no se termina de perdonar.

- El problema es muchas veces que uno de los dos no quiere buscar ayuda en este caso te aconsejo que busques ayuda tu.

- Recuerda que tu crecimiento es personal y que tu pareja crecerá a su tiempo y a su manera. En este caso debes respetar el tiempo de madurez de tu pareja.

- Recuerda no tener una expectativa muy alta de tu pareja o una meta que incluya decisiones de tu pareja. Tu pareja debe de decidir lo que quiere.

- Suena un poco difícil de aceptar, pero no puedes controlarlo todo. Y mucho menos el carácter y crecimiento personal ajeno.

- También es importante preguntar a tu pareja lo que desea de ti ya que como dijimos muchas veces tienen un lenguaje diferente para expresar el amor o recibirlo.

- Si no sabes lo que tu pareja desea no podrás hacerlo y tendrás una pareja descontenta. De igual marera tu pareja debe saber lo que tu deseas recuerda que ella no puede leer tu mente exprésate con claridad y pídele a tu pareja que también lo haga.

Capítulo 12

Mala administración en la economía.

La administración del dinero en el matrimonio es una de las cosas que provoca muchas discusiones cuando no se trabaja un plan para que todo salga bien.

Si uno quiere tener éxito en alguna cosa debe trabajar para lograrlo; la administración del dinero en la pareja no es la excepción de esto.

Veamos lo que nos dice la biblia sobre la administración económica (Génesis 41:17-21).

Esta lectura nos enseña que las cosas buenas que vienen de Dios como las bendiciones económicas pueden ser devoradas por las situaciones difíciles.

Pero en esta historia hay un final feliz porque un hombre hizo un plan y logró prepararse para los años de escasez que se avecinaban.

Nos enseña esta historia que no basta con ser hijos de Dios, que no basta con ser un Faraón (una posición económica grande) o tener bendiciones, en algún momento de nuestras vidas enfrentaremos momentos de crisis económicas; lo importante es la planificación para los tiempos malos o de crisis o como los quieras llamar.

Veamos algunos consejos para estas situaciones.

1. **Mi esposa o esposo gasta mucho dinero.**

2. **Muchas veces gasta a escondida.**

3. **No nos ponemos de acuerdo sobre quien administra el dinero.**

Consejos útiles

- Lo primero que una pareja debe hacer en cuanto al dinero es saber quién llevará la administración en la casa.

- Esto debe ser de mutuo acuerdo y con una idea realista de la situación que los dos viven, deben saber con cuánto cuentan, quien es más bueno en esa área y cuánto dinero deben pagar por mes.

> **Lección a aprender**
> *Usa las vacas gordas para prepararte para las vacas flacas. Los tiempos buenos son para almacenar para los tiempos duros. No gastes todo lo que ganas en el mes. Debes almacenar para otros tiempos. No importa si lo que almacenas es un granito.*

- Luego de saber todo esto se debe dejar bien claro que se respetarán las decisiones que tome la persona que ha sido encargada de mutuo acuerdo.

- Esta persona deberá ganarse la confianza de todos en la casa incluyendo los niños; quiere decir esto que la persona encargada no debe abusar comprando cosas para su propio beneficio. Deberá respetar los acuerdos y saber que, aunque administre todo el dinero no es de él o de ella sino de la casa.

- Otra cosa que se debe hacer es tener una sola economía, no dos; si los dos trabajan deberán poner el dinero en el banco y hacer un presupuesto de todos los gastos y entradas del mes. Aunque esto no significa que no tengan cuentas personales aparte, lo que me refiero es que se debe tener una cuenta a donde irá el dinero que se gana por mes y desde donde se pagarán los gastos fijos del mes.

- Lo que pueden hacer es asignar una cantidad personal para cada uno aparte si es que quieren tener un poco de libertad personal para gastos personales. Pero esto es opcional.

- Deben hacer uso del dinero de una manera sabia no tener gastos innecesarios, no comprar cosas que no puedan ser pagadas, evitar los préstamos y cosas para pagar a largo plazo.

- Hay que aprender a vivir con lo que se tiene y no gastar más de lo que se produce para poder en un corto tiempo disponer de una economía un poco más estable.

- Sería bueno que siempre hagan una lista de compra

antes de ir al supermercado y solo compren lo
que se necesita hasta que los problemas de dinero
terminen.

- En caso de tener una mujer o un hombre que gaste
de más; hay que confrontarlo y asignarle una
cantidad de dinero periódicamente para comprar y
solo comprar cuando sea esa fecha con dicho dinero.

- Si la persona sigue comprando a escondidas hay
que limitar la libertad que tiene de administrar
el dinero. Esto significa que no se le puede tener
confianza con el dinero.

- Hay que establecer prioridades en cuanto a los
gastos y no comenzar a gastar sin saber si ya los
gastos principales están cubiertos; gastos como casa,
luz, seguro médico, comida, es decir gastos fijos.

- A comida me refiero a los alimentos que se compran
para cocinar en casa ya que una cosa que daña
mucho la economía es comer siempre fuera. Las
comidas deben ser planificadas.

- Naturalmente que se puede tener en cuenta los
gastos improvistos y salidas para divertirse, pero
siempre planificadas por mes.

- Una situación que atrasa mucho a las parejas recién
casadas es cuando no hay una entrada de dinero fijo
al mes. Es decir, un sueldo para cubrir los gastos de
la casa.

- La pareja deberá por todos los medios de buscar un trabajo y que en la medida de lo posible uno de los dos pueda traer un sueldo para los gastos fijos o tratar de hacer dinero con un pequeño negocio. Siempre hay algo que se puede hacer.

- La cuestión es hacer algo que produzca dinero.

- No es bueno que, aunque alguien de la familia ayude se queden dependiendo de ayudas externas ya que al final esto traerá escasez en la casa.

Capítulo 13

Falta de confianza en el cónyuge.

En muchas ocasiones la falta de confianza viene producto de algo que la persona ha hecho en el pasado y él o ella no se sienten más seguro. En otros casos la desconfianza viene producto de tener un cónyuge que se siente inseguro de sí mismo, aunque siempre hay cosas que podemos hacer para ayudar a nuestra pareja a confiar en nosotros, en muchas ocasiones los celos vienen de personas que han pasado malas experiencias con exparejas.

Este aspecto lo abordó bellamente el poeta de Israel Salomón cuando escribió en el diálogo que sostiene una pareja de esposos: "Ponme como sello sobre tu corazón, como sello sobre tu brazo, porque fuerte como la muerte es el amor, inexorables como el Sol, los celos; sus destellos, destellos de fuego, la llama misma del señor." (Cantares 8:6 Versión Biblia de Las Américas). *

1. **¿Soy muy celoso o celosa no confío en mi pareja, qué puedo hacer?**

- Reconocer que los celos son fruto de la carne. Nadie nace con celos ni puedes argumentar que no puedes hacer nada para sentirlos.

- Alimentarlos en nuestra vida y permitir que tomen fuerza es una manifestación de la vieja naturaleza en el ser humano, tal como lo advirtió el apóstol Pablo (1 Corintios 3:3).

- Sobre esta base, es prioritario abrirnos al mover de Dios para que se produzcan los cambios que requerimos.

- Evaluar nuestras actitudes. Es fundamental tomar el tiempo necesario para revisar qué está provocando en nosotros la situación de celos. Y en lo posible, confrontar a nuestra pareja con serenidad, sensatez y tolerancia, es posible llegar a un acuerdo que permita corregir aquellas actuaciones que podrían despertar inseguridad respecto a sus sentimientos.

- Someter nuestras emociones a Dios. El propósito de cambiar la inclinación a los celos injustificados tiende a fracasar a menos que sometamos nuestros sentimientos y emociones a Dios. De lo contrario y como lo podemos apreciar en la Biblia, no solo estarán ahí, siempre latentes, sino que pueden llevarnos a cometer locuras.
  "Porque los celos enfurecen al hombre, y no

 Consultorio
para parejas En crisis

perdonará en el día de la venganza." (Proverbios 6:34 Versión Biblia de Las Américas). *

¿Quién puede transformar esas circunstancias? Dios. El nos creó y tiene el poder   para hacer esos ajustes que tanto requerimos.

2. ¿Mi pareja no confía en mí, qué puedo hacer?

- Generar seguridad en la pareja. Si bien es cierto sentimos celos, también es honesto reconocer que si los enfrentamos por parte de nuestro cónyuge puede originarse en un comportamiento que no despierta seguridad en nuestra pareja.

- Es necesario hacerle sentir que sus sentimientos están correspondidos y que, de nuestra parte, hay compromiso en la relación.

3. Mi pareja sigue siendo amigo se su ex.

- Una de las características de las personas insegura es que siempre están buscando fantasmas donde no los hay.

- Hay cosas que puedes hacer para ayudar a tu pareja a recuperar la confianza si ha ocurrido algo en el pasado y constantemente tu pareja está celosa. Debes de decirle con palabras clara que solo le amas a él o ella.

- Debes de evitar contactos con tus ex, ya que esto

solo provocará más situaciones de celos.

- Debes de evitar el contacto con personas del sexo opuesto y respetar a tu pareja aun en las redes sociales.

4. Mi pareja quiere absorber todo mi tiempo, no quiere que salga con mis amigos o amigas.

- Debes de buscar un momento donde tu pareja esté tranquila y explicarle calmadamente que necesitas tu espacio para salir con tus amigos o amigas, ya que no es sano una persona que se deja controlar por otro que está celoso o quiere manipular.

- Hay una manera natural de cuidar lo que amamos o nos pertenece legalmente, pero hay un límite con esto ya que hay formas no muy sanas de celar y que pueden llegar a ser perjudiciales para uno de los dos involucrados.

- Si te das cuenta que tu pareja se vuelve violenta cuando piensa que le estás siendo infiel, si le descubres siguiéndote o ha enviado a alguien a hacerlo, si ves que no es normal la manera que tiene de que siempre quiere estar contigo debes buscar ayuda profesional ya que esto puede llegar a ser peligroso.

> **Lección a aprender**
> *Pregúntate a ti mismo.*
> *¿Por qué siento celos? ¿Por qué me siento inseguro?*
> *Nunca será Dios quien produzca en ti esos celos.*

Capítulo 14

Mala Comunicación.

Casi todos los problemas matrimoniales son el resultado de una mala comunicación, ya que, si logramos entendernos hablando, casi siempre podemos permanecer juntos y buscar soluciones para mejorar la calidad de nuestra convivencia.

Qué es lo que primero se daña en una mala comunicación, la convivencia ya que se vuelve imposible vivir juntos y en armonía.

Aquí abajo enumeramos algunas situaciones en la que la causa es la mala comunicación.

Te daremos algunos consejos para mejorar la manera en la que te comunicas con tu pareja.

1. **Mi pareja cuando está enojada no habla, solo da señales de su enojo con actitudes y gestos (lenguaje no verbal).**

2. **Cuando haces todo lo posible por evitar las peleas, pero siempre vienen.**

3. **No logramos ponernos de acuerdo en nada.**

4. **Mi pareja habla todo lo nuestro con su familia y no me gusta.**

5. **Mi pareja me controla y manipula, siempre hay que hacer lo que él o ella quiere.**

6. **Mi pareja grita mucho cuando está enojada.**

7. **Mi pareja no quiere buscar ayuda, solo yo invierto en la relación.**

8. **Mi pareja siempre en todas las discusiones habla de divorcio.**

Consejos útiles

- Lo primero que deben hacer es aprender como pareja a cambiar los viejos patrones de comunicación que tienen ya que, aunque no se comuniquen bien siempre hay comunicación, aunque no sea buena.

> **Lección a aprender**
> *Los pleitos y la gritería son frutos de la carne.*
> *Recuerda siempre orar y buscar a Dios para que te ayude a dejar esos malos patrones.*

- Deben comenzar a crear una nueva esfera en el ambiente, no gritar lo que quieren que haga la pareja sino pedirlo con voz suave y serena.

- Al principio es un poco difícil, pero hay maneras de aprender.

- Algo que pueden hacer es no discutir cuando estén enojados y dejarlo para otro momento, o hacerlo en la habitación en voz calmada sin gritos o en un restaurante.

- Deben escribir lo que quieren que el cónyuge cambie y decirlo en la reunión previamente planificada.

- Es decir que deben hacer citas para discutir, aunque suene raro esto ayudará a crear buenos patrones de conducta frente a los conflictos que por cierto nunca se acabarán solamente es uno que cambia y aprende a pedir o decir las cosas de una manera sana.

- Escribe no solo lo malo que tiene tu pareja sino también lo bueno.

- Dile cada día cuanto le amas, abrázale y bésale esto ayudará en la comunicación.

- Pidan las cosas con cortesía siempre diciendo por favor y gracias.

- Al hombre dile cuanto valoras todo lo que hace cuando sale de casa a trabajar.

- A la mujer dile cuanto valoras y aprecias lo que hace al mantener la casa en un buen funcionamiento.

- Usen palabras suaves, respétense unos a otros.

- No se insulten delante de la gente.

- No se ridiculicen.

- No hablar de la familia de uno de los cónyuges para herirse unos a otros.

- No usen armas como en el caso de las mujeres el sexo para castigar o premiar; no lo hagas.

- Ayúdense unos a otros cuando veas que algo le pasa a tu pareja pregúntale, sino quiere hablar déjale tranquila.

- Oren juntos por su relación y busquen a Dios juntos, vayan a la iglesia.

- Tengan amigos en común.

- Dale su espacio a tu esposo o esposa déjale vivir y ser feliz.

Capítulo 15

Muerte del cónyuge.

El matrimonio es para toda la vida, y llegar a envejecer junto a la persona amada, pero en la vida real no todo es como en las películas; hay veces que alguien enviúdese muy joven y no sabe qué hacer entonces.

Aquí abajo mencionamos algunas situaciones en la que un ser querido se ha ido y nos ha dejado el corazón herido.

Hay mucha gente que tiene muchas palabras a la hora de consolar a una persona que ha perdido un ser querido, yo sin embargo soy un poco torpe en esta área y no pretendo consolar a nadie ya que creo esto es un trabajo del precioso Espíritu Santo. Además, cada ser humano tiene su propio tiempo para procesar el dolor y esto es algo que hay que dejar que cada quien lo procese a su tiempo y a su manera.

Solo quiero darte algunos consejos que pueden ayudarte a seguir adelante con tu vida después de una pérdida.

1. Cuando en el caso el matrimonio es joven y uno de los dos muere y deja viudo o viuda al otro y deja hijos huérfanos.

2. Cuando el matrimonio ya es anciano y muere uno de los dos.

3. Cuando la muerte es por un accidente, o simplemente ocurre de repente.

4. Cuando la muerte viene después de una larga enfermedad.

5. Cuando la muerte (suicidio) porque la otra persona se quitó la vida.

6. Cuando la muerte viene producto de un parto donde muere la madre, y el padre se queda con la criatura solo.

7. Cuando la muerte viene por servicio militar.

Consejos útiles

- No controles tu pena deja que el dolor salga, si alguien no te deja llorar vete de ese lugar y deja que tus lágrimas salgan hasta que quieran parar por ellas mismas; créeme que todos tenemos un límite llorando y el mismo cuerpo sabe cuándo es ese momento.

Lección a aprender
Recuerda que la muerte es el comienzo de nuestra eternidad.

Aunque hay que ser sinceros siempre produce dolor perder a la persona que amamos.

- Claro que no te puedes pasar la vida que te falta

llorando, me refiero al tiempo de duelo que para cada ser humano es diferente.

- Luego cambia de ambiente, no dejes la casa como estaba cuando aún vivía la persona que amabas. Has algunos cambios empezando por las pertenencias de la persona fallecida.

- No es que debes deshacerte de todo, pero si es bueno que no te topes todos los días con cosa de él o de ella.

- Busca alguien que te ayude con esto un familiar de la persona fallecida o un buen amigo te será muy útil en esos momentos. No te apures en hacerlo hazlo cuando te sientas preparado para eso.

- Si hay niños no le ocultes la verdad dile lo que ha ocurrido de una manera sabia.

- Si la muerte vino por un accidente será un poco duro, pero sería bueno que busques ayuda profesional para que te ayuden a superar el trauma que en estos casos deja perder a alguien en accidente o en el servicio militar.

- Si fue una enfermedad no te sientas culpable de sentirte aliviado o aliviada de que haya muerto es lo normal ya que siempre un lecho de una enfermedad siempre cansa el espíritu y el cuerpo.

- Busca alguien a quien pueda decirlo que no te juzgue por sentirte así.

- Sé que ahora piensas que nunca más volverás amar, pero déjame decirte que no es así, Dios te ha dado la capacidad para recuperarte y volver a empezar.

- Debes estar abierto o abierta a que Dios te cure y luego te dé una nueva pareja.

- Aunque te aconsejo que en los primeros meses de la muerte de tu esposo o esposa tengas respeto por la muerte de él o ella y no hagas como que no tienes sentimientos no por causa tuya, sino por causa de los familiares de tu ex pareja y de tus hijos si es que los tienes. Ellos muchas veces no entienden las necesidades sexuales que la gente tiene y se dejan segar del dolor de la pérdida de su ser querido.

- En el caso de que tu pareja con la que has vivido casi toda tu vida ha muerto, te aconsejo que no te quedes en la misma casa que vayas a estar en casa de uno de tus hijos o de un amigo.

- No te quedes solo o sola ya que esto es muy duro en estos casos.

- Si es necesario después del duelo busca un grupo de apoyo de tu misma edad para que puedas ir poco a poco haciendo nuevos patrones de vida sin tu pareja.

- Exprésate con tus hijos como te sientes y trata de salir a hacer algo fuera de casa si te es posible.

- Si fue un suicidio sea que lo sospeches o la persona haya dejado una carta en la que explica las razones de haberse quitado la vida, debes de buscar ayuda profesional ya que en estos casos es muy difícil sobrellevar la pérdida.

- Muchas veces la persona que ha perdido a su ser querido de esta manera se siente muy culpable por no haberlo podido ver a tiempo.

- Créeme que no siempre la gente da señales de que está mal, más en los casos que la gente es cristiana ya que nos hemos acostumbrado a oír críticas sobre el tema de la depresión y el suicidio en caso de cristianos.

- La mayoría de veces la gente condena esto de una manera muy cruel y le envían al infierno no sabiendo que a quien le toca juzgar es a Dios.

- No tomes de una manera personal la partida de tu pareja recuerda que la persona que pasa por estos procesos de querer quitarse la vida o la que lo llega a hacer están enfermas mentalmente y no piensan con cordura en el sufrimiento que le causarán a la persona que los ama.

- Perdona a tu pareja por lo que ha hecho y no seas muy duro contigo mismo perdónate a ti mismo también por cualquier cosa que pienses fue tu responsabilidad.

- Ya no puedes volver atrás y no te ayudará pensar que fue tu culpa y que si hubieras sabido no habría pasado.

- Lo más importante es que busques ayuda
  profesional y que esperes que encuentres tu sanidad
  en esta situación.

- De igual manera si has perdido a tu esposa en un
  parto debes de dejarte ayudar por tus familiares
  y los familiares de tu esposa, buscar ayuda
  profesional y pasar tu momento de duelo.

- No será un camino fácil pero siempre con la ayuda
  correcta aprenderemos a llevar el dolor, manejarlo
  de una manera sana y aprendemos a recordar a la
  persona con amor y no con dolor.

- Nunca olvidaremos a la persona que ha partido,
  el dolor tampoco disminuirá con el tiempo,
  pero nosotros cada día seremos más fuertes y
  aprenderemos a vivir con la ausencia de la persona
  que ha muerto.

Capítulo 16

Familias disfuncionales.

Existen diferentes definiciones de lo que es una familia disfuncional; pero desde el punto de vista cristiano tenemos que describir como disfuncional a cada familia cuyos miembros no asumen el papel que Dios ha diseñado para ellos.

Es Dios quien ha inventado la familia, entonces tenemos que recurrir a él para saber cómo funciona una familia sana. Una familia sana y que funciona tiene esposo, esposa, (padres que son los mismos esposos) e hijos.

En forma muy resumida, podemos encontrar los siguientes principios.

El papel del esposo, consiste en amar a su esposa y entregarse por ella. Esto lo declara el apóstol Pablo en Efesios 5:25, donde Pablo compara el amor de un esposo con el amor de Cristo por su iglesia.

El papel de la esposa, consiste en respetar y apoyar a su esposo. "No es bueno que el hombre esté solo; le haré ayuda idónea para él." (Génesis.2:18) "Las casadas estén sujetas a sus propios maridos, como al Señor. La sujeción y el respeto de la esposa es una respuesta lógica cuando hay amor de parte de su esposo.

El papel de los padres consiste en proveer para la familia y educar a los hijos.

Aquí abajo te dejo algunos versículos para estudiar en familia.

1. "Pues no deben atesorar los hijos para los padres, sino los padres para los hijos." (2 Corintios 2:14 Versión Biblia de Las Américas). *

2. "Y vosotros, padres, no provoquéis a ira a vuestros hijos, sino criadlos en disciplina y amonestación del Señor." (Efesios 6:4 Versión Biblia de Las Américas). *

3. "Padres, no exasperéis a vuestros hijos, para que no se desalienten." (Colosenses 3:21 Versión Biblia de Las Américas). *

Esto implica que los padres demuestren respeto por sus hijos. Dios no nos autoriza para administrar castigos arbitrarios o humillantes, ni para insultar o ridiculizar a los niños.

[7] y diligentemente las enseñarás a tus hijos, y hablarás de ellas cuando te sientes en tu casa y cuando andes por el camino, cuando te acuestes y cuando te levantes. [8] y las atarás como una señal a tu mano, y serán por insignias entre tus ojos. (Deuteronomio 6:7 Versión Biblia de Las

Américas). *

Los padres son responsables de instruir a sus hijos constantemente en la Palabra de Dios.

El papel de los hijos, consiste en honrar a sus padres, y mientras son niños, obedecerles.

Hijos, obedeced a vuestros padres en el Señor, porque esto es justo. [2] honra a tu padre y a *tu* madre (que es el primer mandamiento con promesa), [3] para que te vaya bien, y para que tengas larga vida sobre la tierra. [4] y vosotros, padres, no provoquéis a ira a vuestros hijos, sino criadlos en la disciplina e instrucción del Señor. (Efesios 6:1-4 Versión Biblia de Las Américas). *

Aunque esta versión traduce "Hijos, obedeced..."; el texto original dice "Niños". Hay una diferencia sutil entre "obedecer" y "honrar"; lo primero se aplica solamente a los niños, mientras lo segundo se aplica a los hijos durante toda su vida.

A través de toda esta enseñanza observamos un equilibrio entre derechos y deberes. Cada miembro de la familia tiene sus derechos y también sus deberes.

Es obvio que los principios bíblicos acerca de la familia exigen mucho de cada miembro. Humanamente es imposible cumplirlos en su totalidad. Necesitamos la ayuda de Dios para edificar una familia sana y que funcione. El es la fuente del amor y de la autoridad en la familia, y necesitamos aprender a depender de él cuándo sintamos que no podemos hacerlo de la manera diseñada por él.

Cuando un solo miembro de la familia empieza a salir del plan que ha sido diseñado por Dios, todos los demás miembros tienen que hacer esfuerzos extras para compensar lo que falta. Al final toda la familia se vuelve disfuncional.

Por ejemplo, Si el padre es alcohólico, no trabaja y maltrata a la madre y a los hijos. Por ende, entendemos que por causa del vicio no puede cumplir con el papel de proveedor y protector de la familia como resultado tendremos hijos inseguros, una madre amargada y triste, descuidada y distraída ya que estará siempre nerviosa por causa de la situación del padre.

Por otro lado, es posible que por las carencias económicas los hijos tengan que asumir compromisos de trabajos que los lleven a estar cansados, estresados y que no puedan disfrutar de su niñez como corresponde.

En dicho hogar habrá una disfunción por mas que todos la quieran cubrir ya que nadie puede cubrir el papel de nadie en el diseño de Dios.

Lo mismo sucede en familias con otra clase de problemas: familias donde se comete maltrato o incesto, familias donde los padres viven separados, familias de delincuentes, familia donde uno de los hijos no se somete a los padres.

Son también familias disfuncionales aquellas familias que no entran en lo común de lo normal.

Las familias que no entran en el patrón bíblico que ya hemos descripto arriba les llamamos disfuncionales porque tienen algo que no funciona bien como Dios lo ha establecido, pero no porque tengamos que tacharles como anormales sino porque son familias que tienen que salir adelante aun con los problemas que arrastran.

Concluimos entonces que una familia funcional es aquella que tiene un padre una madre que se aman y están felizmente casados por la ley y por la iglesia e hijos de la misma pareja que viven juntos en una misma casa con sus padres. Esto es una familia funcional. Aunque esto no significa que es una familia sana y que no hay disfunciones dentro de esta familia. Solo hemos descripto como funcional lo que es el diseño de Dios y su plan para la familia.

Veamos algunos ejemplos de familias disfuncionales y te daremos consejos para ayudar en la situación.

1. Parejas que se casan, pero antes uno de los dos tenía hijos de la otra relación, es decir del otro matrimonio y los trae a la nueva relación, es decir al nuevo matrimonio. También dos padres solteros que se unen en matrimonio.

Consejos útiles

- Este caso es un poco delicado ya que en el caso de los adultos ellos saben cada uno cuál es su papel y su función y aceptan sin problemas o dificultad los cambios de este tipo. Los niños en cambio no son así, ellos no están preparados para que alguien

substituya a su padre o a su madre y por esta causa
los adultos involucrados en esta situación irregular
deben ser pacientes con ellos.

- Los padres con madurez deben de ayudarles a
comprender un poco la situación, algo que les puede
ayudar es no vivir en el mismo lugar donde estaba
la otra familia, es decir vivir en una nueva casa.

- Hay que tratar con respeto a los niños y explicarles
la nueva situación cuantas veces sea necesario. Esto
puede tardar un poco.

- Las personas nuevas en la familia (me refiero al
nuevo cónyuge) deben no querer jugar al papá o a
la mamá de este niño o niña. Tratarle con paciencia
y mostrarse amigos de ellos es algo que siempre da
sus buenos frutos.

- La nueva pareja también debe tratar de no
comparar a su nuevo cónyuge con el pasado, esto
puede traer conflictos en la relación.

- Referente a lo espiritual deben tratar de tener un
solo pastor ya que esto les ayudará a poder educar
a los niños, generalmente la mujer debe seguir a su
marido donde él se congregue o pueden llegar a un
acuerdo juntos.

- Cuando una persona se casa y tiene hijos en casa
que uno de los padres no está presente y que
muchas veces hay que compartir el tiempo de la
semana para que los niños visiten a su otro padre o

madre. Esto trae algunos conflictos a la casa.

- Ya que muchas veces cada padre y cada casa tiene sus reglas, hay que tratar de que el niño no se confunda y se distorsionen los patrones de conducta que está aprendiendo en una de las casas.

- Sería mucho mejor que los padres se pongan de acuerdo por escrito en lo que es mejor para el niño y que los dos, me refiero a los padres biológicos se comprometan a mantener un solo patrón durante el niño esté en una de las casas.

2. Cuando la pareja no puede tener hijos. Cuando uno de los dos es estéril.

- Lo que te aconsejamos hacer es orar a Dios para que él les diga qué deben hacer, y luego si ven que pasan los años deben buscar alternativas.

- Pueden hablar con los médicos para que sepan con exactitud cuál es la causa de la situación sin la intención de ofender al que tiene la situación de esterilidad.

- Pueden ver si el daño es permanente o hay soluciones al problema.

- De ser permanente la situación pueden adoptar un niño, pero siempre lo deben hacer de mutuo acuerdo.

3. Cuando se adoptan hijos fuera del matrimonio.

- Deben de criar al niño con el mismo amor como si fuera de ustedes.

- En caso que después de adoptar el niño tengan sus propios hijos, deben de cuidar de no dañar ese niño sintiéndose rechazado o ustedes favoreciendo al otro.

- Criarlo hasta cierta edad y luego que sea adulto decirle la verdad para evitar que se entere por terceros.

4. Cuando uno de los suegros vive con la pareja.

5. Cuando alguien que no es de la familia vive con la pareja.

6. Cuando un familiar vive con la pareja.

- Ya hemos dicho anteriormente que esto no es el modelo bíblico, ya que el plan de Dios original es que la pareja solo viva con sus hijos.

- En caso que sea absolutamente necesario se debe tomar en cuenta algunas cosas.

- Como por ejemplo establecer claramente quien es el ama de casa y quien educará los hijos para evitar que se formen confusiones con los niños y evitar peleas entre dos mujeres.

- O evitar que alguien quiera usurpar el lugar del

 Consultorio
para parejas En crisis

hombre en la casa.

- La intimidad de la pareja también es importante y hay que cuidarla evitando hablar demás con la madre o padre o amigo o familiar que vive en casa.

- Si es tu madre debes tener la responsabilidad de cuidar que no se meta en las cosas de tu intimidad y que respete las decisiones de tu esposo o esposa.

- De la misma manera deben hacer con los demás familiares que viven con ustedes y aclarar desde el principio lo que ya hemos dicho anteriormente.

- También se debe dejar claro en lo que deben ayudar económicamente y en la limpieza de la casa y las reglas desde el principio para evitar conflictos futuros.

- Se debe dejar claro las reglas de la casa en cuanto a que son cristiano que la persona sepa de ante manos lo que no se permite a los niños para no confundirles.

- Cuando viene una mujer o un hombre a vivir en el hogar también hay que prevenir futuros problemas, como infidelidades, hijos no deseados de infidelidades, violaciones sea a tu esposa o hijos, robos, engaños, calumnias y rupturas de la relación producto de los celos sea reales o imaginarios.

- Lo mejor que te recomendamos es no traer personas jóvenes a tu casa a vivir sea hombre o mujer, si un amigo, hermano o familiar está en una situación difícil tratar de ayudarles desde afuera del hogar.

- Sé que cuando vemos a alguien sin hogar tenemos buenas intenciones, pero ¿Las tiene también la otra persona? De eso nunca estaremos seguro lo mejor es evitar y no arriesgar nuestra familia.

7. Cuando la pareja tiene muchos años juntos, pero no se han casado. Es decir, viven en concubinato.

- Esto es un caso que no podemos pasar por alto sin decir que es algo que Dios no acepta en su palabra. (1 corintios 6: 12-20).

- En estos versículos Pablo nos habla claro cómo la fornicación que es sexo sin estar casado contamina el cuerpo de una persona, cuerpo que ya no es de nosotros cuando pertenecemos a Dios, sino que le pertenece a él.

- Si han pasado muchos años y todavía no han hablado de matrimonio deben de ver qué es lo que pasa; si en realidad es uno de los dos que no quiere o es que no se aman lo suficiente para casarse.

- Si el caso es que no se aman deben ver qué van a hacer ya que una persona cristiana no debe de estar en fornicación ya que es un pecado que contamina el cuerpo.

- En el caso que uno de los dos no quiera deben

de orar a Dios para que esta persona cambie de
opinión.

- No debes presionarle ya que un matrimonio
  debe ser por convicción propia y por amor, no por
  obligación.

- No te aconsejo que te apresures a dejar a tu pareja,
  aunque no estén casados, pero tampoco te aconsejo
  que te cases solo por no estar en el pecado de la
  fornicación, el matrimonio es algo muy serio y
  debemos tener respeto y solo casarnos por amor.

- Toma tiempo en oración para que Dios te guie sin
  apuros. A su tiempo Dios te ayudará a hacer lo que
  es correcto y te guiará a su voluntad para ti.

8. Cuando no pueden casarse porque uno de los dos todavía está casado.

- Si el caso es que uno de los dos no es libre deben de
  buscar la manera de arreglar esta situación delante
  de Dios.

- Deben hacer el intento de resolver lo de su primer
  matrimonio y poder hacer legal su segundo
  matrimonio ya que después que una persona está
  ligada emocionalmente a otro y hay hijos ya es un
  hogar, aunque no lo hayan hecho legal delante de
  los hombres.

9. **Cuando se casaron porque venía un hijo en camino y no por amor.**

- Si tu matrimonio es producto de que un hijo venía en camino, hay que ver si realmente hay amor y tratar de hacer que el matrimonio crezca emocionalmente.

- Si no hay amor y uno de los dos no quiere luchar por la relación sería bueno buscar asesoría matrimonial para ver cómo pueden seguir adelante.

- Pero si aun después de hablar uno de los dos no quiere o afirma no amar a su cónyuge no es sabio seguir con esta relación.

10. **Cuando el matrimonio vino por un acuerdo económico, o de papeles y luego uno de los dos se enamoró y quiso seguir con la relación.**

- Si tú sabes que tu pareja no te ama; y aunque han pasado los años no ha habido cambio, ya que tu matrimonio es una falsa y hubo un acuerdo cuando se unieron en matrimonio.

Lección a aprender
Si tú estás encima de algo es más fácil que alguien te hale hacia abajo, que tú tengas fuerzas para subir a la persona al nivel que tú estás.

- Es bueno que lo aceptes y no hagas como que eres una víctima de la situación. Generalmente cuando sucede esto uno de los dos se enamora y quiere seguir con la relación y el otro no.

- En caso que quieras seguir adelante con la relación delante de Dios no hay ningún problema, solo que tienes que tener en cuenta que deben hablar con verdad por delante y proponerse llegar al amor que una relación normal tiene.

- Si hacen un acuerdo entre los dos es perfecto, pero siempre sean realista.

- Si hay niños de por medio deben de no decir esta historia a los hijos ya que casi siempre entienden mal y les hace daño emocionalmente.

11. Cuando uno de los dos es cristiano y el otro no.

- Cuando estás casado con una persona no cristiana siempre vendrán conflictos, pero hay cosas que ayudan un poco.

- Planifícate antes de ir a la iglesia, comunícalo con tu pareja no lo hagas de repente sin que esté informado.

- Ora por él o ella busca a Dios en oración y ayuno para que te dé sabiduría y lo puedas ganar para Dios.

- El fruto del justo es árbol de vida, Y el que gana almas es sabio. (Proverbios 11:30 Versión Biblia de Las Américas). *

12. Cuando uno de los dos tiene otra familia aparte.

- Si la familia que tienes aparte es solo para alimentarla no es ningún problema; pero si esta familia la tienes a escondidas y con engaños entonces estás en problemas dobles.

- Si tu pareja tiene que alimentar a otros hijos no debes de oponerte; al contrario, debes ayudar a que él o ella cumpla con su responsabilidad delante de Dios.

- Aunque no es la voluntad de Dios que estos niños se críen sin su padre o madre tampoco quiere Dios que ellos pasen necesidades, hay que ser justos.

- No estorbes que estos niños reciban lo que les pertenece, aunque sabemos que muy pocas de las personas tienen una economía sólida como para mantener dos familias, hay que ayudar a que se haga lo mejor posible y de la manera más justa.

- Si la familia que tienes fuera de tu hogar busca problemas; hay que pedir a Dios en oración sabiduría para tratarles en días especiales y que no provoque conflictos cuando estén juntos.

- Es bueno que los niños sepan siempre quiénes son sus hermanos para evitar males mayores en el futuro.

- Recuerda siempre que los niños no son culpables de

los errores de los adultos, hay que tener respeto por
ellos cuando estén de visita.

Problemas sexuales.

Los problemas sexuales también son un tema que no podemos tratar en conjunto, sino que lo haremos por separado, tema por tema.

Debemos estar abiertos a ser ayudados y a cambiar todo lo que estorbe nuestro crecimiento en todas las áreas de nuestra vida inclusive en lo sexual.

Antes de seguir adelante quiero dejar bien claro que la biblia guarda silencio en el tema del sexo, especialmente en algunos temas que no están del todo claros. Si la biblia guarda silencio en algunos temas relacionados con el sexo entonces me pregunto ¿por qué no lo hacemos nosotros?

La Biblia contiene numerosas leyes, recomendaciones y consejos sexuales que hoy en día se ignoran, pero que debemos tener en cuenta.

Quiero que veas en forma resumida algunas leyes que

Dios dio a su pueblo cada una por una causa y para evitar males mayores.

1. La ley del antiguo testamento prohíbe el coito durante los siete días de la menstruación (Levítico 18:19; 15:19-24). El que vulnere esta regla debe ser extirpado o «eliminadas de su pueblo».

2. La desnudez delante de los hijos, la característica del paraíso, era considerada en el judaísmo como censurable (2 Samuel 6:20; 10:4; Isa. 20:2-4; 47:3). Cuando uno de los hijos de Noé vio a su padre desnudo, fue maldecido (Génesis 9:20-27).

Esta y otras leyes como no tener relaciones con la familia son las únicas reglas a las que podemos aferrarnos.

Pero quiero que tengas en cuenta que Dios en el nuevo y antiguo testamento quiere que nosotros nos examinemos personalmente y junto con nuestra pareja hagamos un lecho matrimonial puro y digno de ser hijos de Dios.

No quiero entrar en discusiones que no aclararán nada, tampoco quiero darte mi interpretación del tema, ni lo que yo pienso o hago; sino mas bien quiero apelar a tu propia consciencia la cual todo ser humano tiene y mayor aun nosotros los hijos de Dios tenemos a el Espíritu Santo para guiarnos y darnos paz.

Como dice Romanos "Todo lo que no procede de fe es pecado" Si tu conciencia aun no te acusa tenemos al Espíritu Santo dentro de nosotros para hacernos sentir lo que no es normal o natural en una relación de pareja de un hijo de Dios.

Quiero que entiendas que el deseo de Dios al hacer el sexo que por cierto es muy bueno y no fue el pecado de Adán y Eva, era que el hombre se reprodujera y al hacerlo disfrutara con su compañera.

El objetivo de Dios no era que hiciéramos un dios del sexo sino más bien que la pareja lo usara para llegar a ser uno amándose de una manera digna y pura sin lascivia, pecado y deseos desenfrenados de sentir.

Debemos tener cuidado como hijos de Dios qué lugar le estamos dando al sexo, si el de ignorarlo al decir que solo es para tener hijos y no disfrutar y quedarnos frustrados o el de pasar la línea establecida por Dios y que no nos importe lo que él piensa de nuestras relaciones solo por un poco de placer.

Debemos buscar un término medio o el equilibrio para disfrutar a plenitud del sexo y a la vez tener la cordura de poder mantener nuestra posición de hijos de Dios.

Espero y es mi oración a Dios que estos consejos te ayuden sin traerte confusión.

Consejos útiles

1. **Cuando uno de los dos tiene insatisfacción sexual.**

- Lo primero que hay que hacer es comunicarle a tu pareja lo que sucede cuando tienen relaciones para que juntos puedan buscar una solución.

- Deben conversar sin ningún tabú y sin reservas, deben ser sinceros y abrir su corazón tratando de buscar soluciones juntos, ya que siempre hay alternativas para cada problema sexual.

- Una vez que ya hayan hablado deben buscar ayuda profesional para que puedan disfrutar de la relación de pareja de una manera sana.

2. Mi pareja no quiere hablar del tema del sexo.

- Si el caso es que tu pareja no quiere hablar del sexo, debes con mucho tacto buscar la ocasión para hablar delicadamente sobre lo que te afecta o te preocupa o no te gusta o tal vez lo que te gustaría hacer.

- Hablar de tus fantasías sexuales, si son o no permitidas por Dios y tratar de que juntos la hagan realidad.

- Nunca busques terceras personas para hablar de este tema, siempre háblalo con tu pareja y nadie más, a menos que tengan un acuerdo de buscar ayuda por separado a personas profesionales.

3. **Tenemos muchos años de casado y nuestras relaciones sexuales son aburridas y no tengo mucho interés.**

- Es normal que después de muchos años de casados la relación sexual se vuelva aburrida y monótona, pero esto no significa que debemos dejar que se quede así.

> **Lección a aprender**
> *Recuerda que tu pareja no es adivina, si te sucede algo la responsabilidad de hablar es tuya.*

- Si tu relación se ha vuelto monótona debes de buscar la chispa de la pasión y encenderla de nuevo.

- Esto se logra haciendo cosas como cuando eran novios o estaban recién casados.

- Una cena romántica, una velada a la orilla del mar, un paseo por la ciudad agarrados de las manos.

- Cualquier cosa que encienda la chispa.

- Regalar flores a tu pareja, comprar ropa interior bonita y sorprender a tu esposo.

- Cambiar de posiciones sexuales, dejar la cama y hacerlo diferente.

- Hacer el amor espontáneamente y sin planificación.

- Bañarse juntos, darse un masaje, hacer una salida de un fin de semana.

- Hablar del tema con tu pareja y proponerle el cambio.

4. Mi pareja tiene inclinaciones sexuales condenadas por Dios.

No quiero darte mucha opinión personal, aquí tenemos las palabras de Jesús:

Pero yo os digo que todo el que mire a una mujer para codiciarla ya cometió adulterio con ella en su corazón. (Mateo 5:28 Versión Biblia de Las Américas). *

Jesús demanda pureza de mente para sus discípulos. Este concepto predomina tanto en las enseñanzas de Cristo que él lleva la impureza más allá del acto, al corazón codicioso.

En la parábola del sembrador (Marcos 4:18-19), Jesús dice que los que fueron sembrados entre los espinos son los que han oído la palabra, pero las preocupaciones del mundo, y el engaño de las riquezas, y los deseos

(Codicia) de las demás cosas entran y ahogan la palabra, y se vuelve estéril.

Pablo dice Romanos 1:24 que Dios entregó a los gentiles a la impureza en la lujuria de sus corazones, de modo que deshonraron entre sí sus propios cuerpos.

Por esta causa el mismo Pablo ordenó (en Romanos 6:12-14) que no reine el pecado en vuestro cuerpo mortal para que no obedezcáis sus lujurias; que no presentemos los miembros de nuestros cuerpos al pecado como instrumento de iniquidad. Nos exhorta a presentar nuestros cuerpos como que han resucitado de entre los muertos delante de Dios. Es decir que lo que produce muerte no debe habitar en nosotros.

Además, Pablo aconsejó a los Gálatas en (Gálatas 5:16) que anduviéramos en el espíritu y que no hiciéramos lo que la carne (nuestro cuerpo y deseos) quieran hacer.

Pablo también advirtió a los Colosenses que consideraran sus cuerpos como muertos a la fornicación y a los malos deseos es decir a todo lo que es impuro (Colosenses 3:5).

Puedes estudiar los siguientes pasajes que también tratan del mismo tema de las impurezas sexuales.

Efesios 4:22-24, 2 Timoteo 2:22, Tito 2:11-12, I Pedro 2:11 y I Juan 2:16-17.

Si tu pareja te propone cosas que no te sientes dignos después de hacerlas y durante las prácticas, entendemos que no lo hablaste antes de casarte que sería lo más recomendable y sano para evitar estos problemas.

Debes hablar calmadamente con tu pareja que entendemos es cristiana y explicarle que Dios no ve con buenos ojos estas prácticas que te hacen sentir sucio o sucia en tu consciencia.

Debes también examinar si lo que sucede no es que tienes una mente demasiado extremista o santurrona ya que hay personas que para ellos todo es pecado.

Si tu pareja no es cristiana es lo normal que quiera hacer esas cosas.

Como veras no tenemos consejos en esta sesión porque

entendemos que es algo que Dios te debe guiar como te decíamos al principio de este tema del sexo.

5. Mi pareja me obliga a hacer cosas en el sexo que no quiero.

- Las relaciones sexuales son algo de mutuo acuerdo nunca puede ser algo por obligación ya que las personas involucradas deben disfrutar de ella.

- Si te sientes controlado o controlada, obligado u obligada, violado o violada debes hablar con tu pareja y pedir que se te respete tu derecho a escoger.

6. Mi pareja me viola.

- Si tu pareja aun después de hablar y explicarle que no quieres o no deseas sexo te obliga esto no es una buena señal aun cuando lo haga bajo los efectos del alcohol o la droga.

- Debes hablar con él o ella y explicarle que no te agrada lo que hace.

- Luego si lo vuelve hacer debes dejarlo, aunque no sea definitivamente sino por un tiempo y buscar ayuda profesional antes que sea tarde.

7. **Cuando la mujer ha sido violada antes del matrimonio y producto de esto es frígida o tiene un trauma que no ha podido superar.**

- Normalmente una violación trae muchos traumas en la vida de una mujer, más aún cuando esto ocurre siendo virgen.

- Si este es el caso hay que tratar a la mujer con mucha delicadeza, hablar del tema si ella quiere y sino dejar que la persona esté preparada para hacerlo.

- La persona debe tratar de perdonar al agresor y buscar a Dios en oración.

- Después de un tiempo la persona comienza a abrirse para ser sanada; pero si esto no ocurre hay que buscar ayuda profesional y comenzar un proceso de sanidad interna.

- Hay algunas terapias que la pareja puede hacer para ayudar la frigidez de la mujer, pero siempre estas darán resultados si el trauma de la violación ha sido superado.

8. **Cuando hay abuso sexual de parte de los padres hacia la mujer o el hombre (incesto).**

- Cuando una mujer o hombre fue abusada o abusado por su padre o un niño o niña fue abusado por su padre generalmente hay vergüenza y miedo para hablar del tema.

- Es normal que la víctima nunca hable hasta llegar a ser adulta y en un momento de tristeza o debilidad hable.

- Es importante cuando la víctima habla no hacer preguntas y dejar que se desahogue, y aunque sintamos rabia y deseos de preguntar no interrumpir a la persona hasta que haya terminado.

- Luego hay que hacerle sentir segura, y decirle que no fue su culpa ya que la mayoría de las victimas de esto se sienten culpables y piensan que hicieron algo para merecer esto.

- Generalmente la mujer o el hombre se vuelve depravada en el sexo o lo contrario tiene repugnancia hacia el sexo. O tienen muchas relaciones con diferentes personas o se vuelven apáticas hacia el sexo opuesto.

- En el caso de los niños de igual manera con la diferencia que muchas veces se vuelven homosexuales.

- Para ser sanados hay que tratar de perdonar, hablar del tema hasta que lo podamos hacer sin sentir que está ocurriendo lo mismo y pasar por terapia de algún psicólogo o terapeuta profesional ya que hay cosas que solo los expertos pueden descubrir del alma.

9. Cuando uno de los dos coquetea con otros, sea personal, o en las redes sociales.

- Hay gente que es coqueto de naturaleza. Hay otros que ellos mismos se hacen y lo hacen conscientes de lo que están haciendo, en este caso pienso que sabes que un cristiano no puede hacer esto si está casado.

- Es importante confrontar a tu pareja con el problema que tiene de coquetería. Hay que hacerlo con la intención de traer una solución y no de discutir.

- No revises su correo electrónico, cartas o su teléfono esto no es algo bueno ni para ti ni para tu cónyuge.

- Si vas hacer algo o sospechas algo solo ora y espera ver algo por ti mismo y luego actúa en consecuencia de otra manera te convertirás en una persona celosa sin causa y perderás credibilidad.

- Habla con tu pareja exprésale lo que te molesta su coquetería dile como te sientes cuando lo hace. Pero hazlo con el corazón de una manera sana y no para discutir o descargar tu ira ya que eso nunca ayuda.

10. Cuando se descubre una infidelidad sexual.

Una infidelidad rompe el vínculo matrimonial, puesto que las relaciones sexuales ilícitas nos unen a esa persona (1 Corintios 6:16) y Dios no obliga a nadie a permanecer casado bajo tanto sentimiento de dolor y angustia que este suceso le puede ocasionar. Jesús dice claramente que esta causa es motivo inmediato de divorcio (Mateo 5:32).

11. Perdonar una infidelidad en el matrimonio cristiano.

El perdón enseñado por Jesús, es para todas las ofensas que el ser humano pueda hacer en contra de nosotros, y eso incluye la infidelidad matrimonial, es decir, el cristiano debe perdonar una infidelidad. Eso no significa que esté obligado a seguir viviendo con la persona que le fue infiel, la infidelidad disuelve el vínculo matrimonial y autoriza al cristiano a separarse si así lo desea, o puede decidir seguir viviendo con su cónyuge. En cualquiera de los dos casos debe perdonar.

La Biblia, como ya vimos, establece las causas por la cuales se puede disolver el vínculo matrimonial, no obstante, en ninguna parte se le ordena al cristiano separarse por uno u otro motivo, esto es absoluta y total decisión de cada uno frente a su situación personal.

Aquí abajo tienes algunos consejos útiles.

- Tú que eres creyente revisa y considera las posibilidades que tienes con tu matrimonio.

- Recuerda que Dios no tiene la culpa de lo que te sucedió, las tentaciones de la carne son muy fuertes para todo tipo de personas y Dios con toda seguridad te ha protegido de algo peor.

- No condenes a tu cónyuge, no uses frases ni

palabras condenatorias, recuerda que lo que le ocurrió a él o a ella, en circunstancias similares también te pudo ocurrir a ti. No tires la primera piedra (Juan 8:7).

- Recuerda la parábola del "Siervo desagradecido" (Mateo 18:23-35) no importa cuán grande ofensa cometan contra ti, debes perdonar porque Dios te perdonó primero una ofensa mucho mayor.

- Recuerda buscar y pensar en la voluntad de Dios para tu vida, dentro de la cual puede ser continuar la relación por la importancia que hay detrás de eso o también puede ser terminarla porque no tiene posibilidades futuras.

- Conversa ahora con tu cónyuge acerca de este tema, plantéale la perspectiva bíblica frente al matrimonio y la importancia que tiene para ti.

- Recuerda que no has descubierto nada si no tienes pruebas, una carta no es prueba, una foto no es prueba, una llamada no es prueba.

- Aunque creas que tienes todas las pruebas del mundo, la mejor prueba es que hables con tu cónyuge y que te confiese la verdad; De no ser así debes tener pruebas de que alguien de confianza le ha visto o tú mismo.

- Debes hablar con tu pareja si es posible con alguien presente de confianza y saber que él o ella piensa hacer a partir de ahora.

- Aunque muchas personas dicen que si tu pareja te es infiel bíblicamente le puedes dejar y es así, debes buscar la dirección de Dios si la persona está arrepentida, te pide perdón y te dice que te ama y solo fue una tentación o una caída.

- Es fácil decir perdona lo sé, pero es hermoso ver cuando una pareja supera todos los obstáculos aún el de la infidelidad y llegan a la vejes juntos.

- Si la persona lo ha hecho más de una vez y reincide en el pecado de la infidelidad te recomiendo que pienses en la posibilidad de la separación inclusive el divorcio en último momento. Ya que muchas veces hay personas que les agrada vivir en esta situación y hay que tener en cuenta que es una situación no solo vergonzosa, dolorosa y triste sino también un poco peligrosa hablando físicamente ya que puedes contraer una enfermedad de transmisión sexual.

- Sería bueno pedir a tu pareja que se haga los exámenes de lugar para descartar cualquier posibilidad de contagio de enfermedades sexuales. Esto es un poco difícil de asimilar por parte de la persona que tiene que hacerse el examen médico, pero si se pide con respeto y con delicadeza explicando las razones lógicas del miedo de ser contagiado casi siempre la persona cede a la petición.

- Hay que tener en cuenta cuando descubrimos una

 Consultorio
para parejas En crisis

infidelidad con quien hablamos o nos desahogamos
y cómo transmitimos esta información ya que puede
provocar la destrucción innecesaria de nuestro
hogar; no toda la gente que tiene una información
la usa de la manera correcta especialmente esto
incluye los familiares nuestros e hijos ya que
muchas veces, aunque deseemos perdonar la
persona nuestros familiares no están de acuerdo
y en ocasiones esto daña la imagen que los hijos
tienen de sus padres. Imagen que no puede ser
restaurada jamás.

- Una cosa que te aconsejo es que no te culpes, pero
pienses en la posibilidad de haber hecho algo que
provocara esta situación como por ejemplo haberte
negado a tener relaciones sexuales por un tiempo
largo.

- Haber pasado una enfermedad, haber viajado solo
por un periodo largo, estar descuidado o descuidada
físicamente y no verte atractivo como cuando eran
novios o haber metido alguien a vivir en casa.

- Estas son cosas que ayudan a que una infidelidad
ocurra.

- Debes asumir tu responsabilidad en la situación y
perdonar a tu esposo o esposa buscar ayuda y salvar
tu hogar si así lo quieren los dos de mutuo acuerdo.

- No busques a la persona con la que te fueron infiel,
no hagas dramas ni montes un show en contra
de esa persona. No te compares con ella o él ni

preguntes a tu pareja si le gusta más hacerlo con él o ella que contigo esto solo te provocará más dolor y hará que nazca en ti el rencor y la amargura.

- Busca a Dios en oración y pídele que te sane.

- Naturalmente esto tardará un poco. La sanidad y la confianza solo volverán con el tiempo.

12. Cuando la mujer o el hombre ha sido prostituta o ha tenido una vida sexual promiscua.

- Esto suena un poco duro, pero hay casos en lo que ocurre que un hombre o una mujer se enamora de una persona prostituta y hay casos en que alguien practica la prostitución, pero no es una prostituta, sino que lo ha hecho por necesidad y está mal informada.

- Muchas veces vienen conflictos en la pareja porque quien se casa con alguien así, siente en su corazón desconfianza y por cualquier cosa puede venir una explosión de celos.

- Es importante que la pareja al discutir no mencione la vida pasada del cónyuge, ya que esto traerá resentimiento en la persona a la que se está humillando.

- Se debe dejar bien claro que esto quedó en el pasado y tratar con respeto a la persona escogida para amar.

13. **Cuando el hombre quiere tener sexo como si lo hiciera con una prostituta.**

- La formación sexual de una persona es muy importante; pero muchas veces las personas se forman de la manera equivocada y piensan que lo que ellos saben sobre el sexo es lo ideal y correcto.

- Mucha gente especialmente hombres son formados con la pornografía y creen que todo lo que ven a la joven actriz hacer en la película de porno es real. Es entonces cuando comienzan los conflictos en el matrimonio ya que quieren hacer lo mismo con sus esposas y que griten desde que le tocan.

- Esto es una fantasía sexual ya que en la realidad no es así, la mujer necesita ser estimulada y necesita su tiempo para alcanzar un orgasmo.

- En estos casos la pareja debe tratar de hablar del tema y la mujer no puede fingir que todo lo que el hombre hace le gusta ya que esto se convertirá en una situación intolerable para ella en algún momento.

- Debe decirle con tacto al hombre que no le gusta la situación y juntos buscar la manera de conocerse sexualmente.

14. Cuando la mujer se comporta en la cama como una monja.

- Hay que saber que muchas mujeres de países latinos somos mal enseñadas; más aún cuando hemos sido cristianas desde niñas y nos han dicho cosas sobre el comportamiento de la mujer en el tema del sexo de una manera equivocada.

- Siempre se dice que el hombre tiene que buscar a la mujer cuando tiene deseos y que la mujer debe reprimir sus deseos sin mostrar que tiene ganas de sexo, esto es equivocado ya que muchos hombres se cansan de estar casados con virgencitas y quieren una mujer que participe en el acto sexual.

- Como mujer de Dios debes saber que tienes que satisfacer a tu esposo de una manera decorosa como dice la biblia pero que él no sienta falta de nada en la cama en la medida de lo posible.

- No es nada malo que de ves en cuando compremos una lencería bonita y esperemos a nuestro esposo para sorprenderle.

- Tu como hombre habla con tu mujer con cariño y consideración tratando de que ella comprenda tus necesidades y lo que deseas que ella haga.

- Espera con paciencia ya que el hablar en la mayoría de los casos con el tiempo da sus frutos.

15. Cuando uno de los dos ha tenido o tiene problemas con la pornografía.

La palabra "Pornografía" viene directamente de la palabra griega "pornographous" (origen de las palabras prone "ramera" y graphos "escritos") con el significado de, obras escritas sobre prostitutas.

El Nuevo Testamento Griego contiene varias palabras que condenan la pornografía. Si una persona sincera considerara el contexto solamente, aquí está lo que encontraría:

Gálatas 5:19-21 Versión Biblia de Las Américas*

"19 Ahora bien, las obras de la carne son evidentes, las cuales son: inmoralidad, impureza, sensualidad, 20 idolatrías, hechicería, enemistades, pleitos, celos, enojos, rivalidades, disensiones, sectarismos, 21 envidias, borracheras, orgías y cosas semejantes, contra las cuales os advierto, como ya os lo he dicho antes, que los que practican tales cosas no heredarán el reino de Dios."

En el versículo 19 podemos ver la palabra que examinaremos es la palabra griega:

1) Pernea (fornicación, inmoralidad, vicio sexual) pernea esta es palabra genérica en el griego que incluye toda forma de impureza sexual. Originalmente, el significado era "comportarse como ramera" y más tarde, "entregarse a pasiones ilícitas."

La idea en general es que esta palabra describe una conducta desvergonzada, exhibida por aquellos que no tienen freno moral, quienes tienen indiferencia completa a los de la opinión pública sobre el comportamiento aceptable.

En otras palabras, que la pornografía no hace bien a nadie, ni al que la practica (el que la produce), ni al observador que se deleita viéndola.

- Uno de los resultados de la pornografía es que el que la practica (el que la observa) quiera hacerlo realidad con su pareja sexual.

- Existen otros problemas causados por ella.

- Por ejemplo, la masturbación, esta traerá como consecuencia la eyaculación precoz.

- Una persona que está acostumbrada a la pornografía también está acostumbrada a llegar de una manera irregular al clímax; esto traerá como consecuencia que la persona en una relación sexual normal con su pareja llegue antes de tiempo y la mujer se quede insatisfecha, es decir que no alcance su orgasmo.

- También trae como consecuencia que la persona quiera hacer todo lo que ve como ya hemos dicho en el tema anterior. No que sea malo que quiera hacerlo, pero esas mujeres y esos hombres son profesionales y están actuando en la mayoría de los casos.

- Una relación sexual normal cristiana debe ser basada en el amor y consideración.

 Consultorio
para parejas En crisis

16. Mi pareja quiere ver pornografía y luego hacer lo que vio.

- Si tu pareja es adicta a la pornografía deben buscar la manera de dejar esa situación ya que esta práctica en la mujer trae depresión ya que ella piensa que puede ser la protagonista de la película en la mayoría de los casos es una muchacha joven que no pasa de los 20 años y muchas veces cuando una mujer ya tiene 30 o 40 años si se queda con estas imágenes en la cabeza puede pensar que le falta algo al igual que el hombre.

- Hay que tratar este problema y buscar la manera de tener relaciones sin nada que les estimule sino solo de una manera natural por amor y deseos hacia tu pareja.

17. Mi pareja quiere tener sexo demasiadas veces.

- Una vida sexual activa es hacer el sexo dos a tres veces por semanas dependiendo la edad de la persona. En algunos casos de jóvenes es todos los días y en otros casos de personas de 45 o más es dos veces por semana a una vez por semana, aunque estas cifras varían de persona a persona y hay también sus excepciones.

- Debes hablar con tu pareja si no te sientes con deseos sexual.

- En cuanto a la oración o practicas espirituales

recuerda que no
puedes negarte con la
excusa de que estás
en ayuno o en oración.

- Si sientes que tu
pareja lo quiere hacer
demasiadas veces
debes conversar con él o ella y buscar alternativas,
como masturbarle para que se sacie.

- Siempre también es bueno ver las causas por la
que sientes esto sí es porque estás aburrido con
las relaciones sexuales, o porque no sientes nada
o porque estás muy cansado o cansada o estás
estresado o estresada o porque te falta alguna
vitamina.

18. Mi pareja tiene impotencia sexual.

- Si la causa de que no tienes deseos sexuales es
porque te sientes impotente, debes primero saber si
es verdad que tienes impotencia sexual.

- Algunos hombres cuando están estresados no
tienen una erección normal y se les dificulta tener
relaciones sexuales.

- Generalmente con un poco de descanso y la ayuda
de algún suplemento vitamínico es suficiente, pero
de no ser así hay que ir al médico para descartar
cualquier enfermedad.

- También puedes conversar con tu pareja y expresarle lo que te ocurre para que ella sepa cómo deben hacer juntos para superar esta crisis.

- Una vez que el médico confirme la impotencia, no caigan en pánico hay muchas alternativas que hoy en día las parejas tienen, oriéntate con tu médico y busca información de un buen sexólogo. Hay parejas que llegan a superar esto con éxito con ayuda de profesionales.

19. Mi pareja se llega muy rápido cuando tenemos relaciones sexuales.

- Si tu pareja se llega muy rápido puede ser que tenga la costumbre de masturbarse y por ello ahora tenga eyaculación precoz.

- Esto no es una enfermedad es solo que el hombre no tiene la capacidad de prolongar su momento de clímax.

- Hay muchos ejercicios que pueden hacer como pareja para ayudar a resolver esta situación lo puedes encontrar en internet o preguntar a tu médico o visitar un sexólogo.

20. Cuando hacemos el amor no siento nada con

mi pareja.

- Si no sientes con tu pareja debes decirlo como ya te hemos dicho en otro tema de insatisfacción sexual.

- Debes buscar las causas y leer el tema de insatisfacción sexual.

21. Mi pareja tiene otro hombre o mujer y seguimos juntos (situaciones de tríos)

- Hay personas que no tiene un alto concepto de ellos mismos, pero aun así una persona cristiana debe evadir estas situaciones.

- Si tu pareja ya no te quiere y buscó otra persona debes dejarle ir.

- Generalmente estos casos suceden con yugo desigual de edad.

- Algunas personas jóvenes no se sienten bien al lado de otra persona de más edad.

- También esta el caso de personas que utilizan a otras por lo material y se buscan a alguien que les satisfaga sexualmente y usan a la otra persona por lo económico.

- Esta práctica naturalmente no es cristiana; ni digamos de un hijo de Dios porque nosotros debemos honrar a Dios con nuestros cuerpos.

Capítulo 18

Parejas de más de 10 años de casados.

Es normal que después que una pareja tiene más de 10 años las situaciones cambien y la pareja se sienta diferente.

- Vienen situaciones como de impotencia sexual.

- La apariencia física cambia y muchas veces se pierde el interés.

- Se presentan problemas de depresión, menopausia e impotencia sexual.

- Cuando los hijos se van de casa queda un vacío en la madre que muchas veces termina con depresión manifestada en desaliento y falta de interés sexual.

- En estos momentos la pareja debe renovar sus votos y la confianza que tienen el uno en el otro y juntos comenzar una nueva etapa de sus vidas matrimonial.

Capítulo 19

Yugo desigual.

Muchos jóvenes piensan que por el hecho de amar a una persona y sentirse atraído por ella o por él será suficiente en el matrimonio y que juntos superarán cualquier obstáculo que venga en el camino.

Lamentablemente la vida no es como en las películas de cine. La vida es la realidad; y la realidad a veces es cruel.

¿Qué afirman Proverbios 21:9 y 25:24 en cuanto a casarse equivocadamente?

"Mejor es vivir en un rincón del terrado Que con mujer rencillosa en casa espaciosa." (Proverbios 21: 9 Versión Biblia de Las Américas). *

¿Somos templo del Dios viviente de Dios y los ídolos? Porque vosotros sois el templo del Dios viviente, como Dios dijo: "[14] No os unáis en yugo desigual con los incrédulos; porque ¿qué compañerismo tiene la justicia con la injusticia? ¿Y qué comunión la luz con las tinieblas?

[15] ¿Y qué concordia Cristo con Belial? ¿O qué parte el creyente con el incrédulo? [16] ¿Y qué acuerdo hay entre el templo

Habitaré y andaré entre ellos, Y seré su Dios, Y ellos serán mi pueblo. [17] por lo cual, Salid de en medio de ellos, y apartaos, dice el Señor,

Y no toquéis lo inmundo; Y yo os recibiré, [18] Y seré para vosotros por Padre,

Y vosotros me seréis hijos e hijas, dice el Señor Todopoderoso." (2 corintios 6: 14- 19 Versión Biblia de Las Américas). *

Si ya estás con una persona en un yugo desigual que como verás mas adelante hay muchos tipos de yugos desiguales, te animamos a que trates de hacer lo mejor que puedas para salir adelante con la relación.

Diferentes yugos desiguales y consejos útiles.

1. **Cuando la pareja son 40 y 20; es decir que hay una diferencia de edad de más de 10 años.**

• Hay parejas que no hacen caso de nada que se les dice y cuando pasan los años la persona que se casó de 20 con alguien de 40 cuando pasan 20 años uno está en la flor de su juventud y el otro es ya casi un anciano. Esto traerá como consecuencia problemas de carácter, problemas sexuales y problemas psicológicos ya que los dos no tendrán las mismas necesidades y uno tiene la edad que debe tener sus padres.

- Lo que la persona puede hacer es buscar la ayuda de Dios y comenzar a pensar en alternativas sexuales. (Masturbarse o que tu pareja te lo haga a ti o usar algo para satisfacerse.) No buscar a alguien afuera.

- En caso que sea la mujer la que sea mayor también se puede hacer lo mismo, aunque casi nunca funciona porque esto traerá más problemas como por ejemplo la mujer ya no podrá tener hijos y estará en una de sus épocas más difíciles, la menopausia.

- Deben juntos si se aman buscar ayuda, pero no es mucho lo que se puede hacer en contra del reloj biológico en relación al sexo.

- Algo que pueden hacer es conversar la situación y expresarse el uno al otro y buscar pasatiempos juntos.

2. Cuando el estatus era diferente antes de casarse.

(Tenía una posición económica más alta)

- Si te casaste con alguien que tenía más dinero que tu, y ahora tienes un estatus más alto esto puede en ocasiones hacerte sentir mal.

- Como pareja deben evitar echarse en cara lo que

han hecho uno por el otro o hacer comentarios denigrantes delante de gente o familiares.

- Deben de aprender a crecer juntos y buscar una manera de que algo más que el dinero les una para evitar posibles rupturas.

3. Cuando el matrimonio fue con uno que era cristiano que escogió uno no cristiano.

- La biblia es clara y dice que no nos unamos con los incrédulos porque esto tiene sus consecuencias.

- Una de las cosas que sucede mucho es que la gente siempre cree que puede convencer a su pareja para servir a Dios o que con el tiempo él o ella cambiará.

- Cambio que muchas veces nunca llega y la situación empeora cada día ya que él o ella tiene sus propios gustos y precisamente no es la iglesia.

- Él o ella querrá ir a fiestas, discoteca, querrá beber, bailar etcétera.

- Tu como cristiano después de vivir esto debes de armarte de valor y paciencia porque el matrimonio no es un juego o algo que podemos deshacer cuando queramos como piensan los no cristianos.

- El matrimonio es una idea de Dios y es algo sagrado
  que hay que respetar sea con uno no cristiano o
  cristiano es para toda la vida.

- Busca ayuda de consejeros matrimoniales y pídele
  a tu pareja que te acompañe esto puede ayudar
  a aliviar la carga del yugo que cargas sobre tus
  hombros.

**4. Cuando mi pareja va a otra iglesia diferente a
la mía.**

Si por alguna causa tu pareja va a otra iglesia déjame que
te aconseje algunas cosas.

- Si eres mujer deja que te diga que estás fuera de
  orden si tú vas a una iglesia y tú marido a otra. Tú
  debes seguir a tu marido si es que van a ir a una
  iglesia de sana doctrina.

- Si tu eres el hombre busca la manera de ordenar tu
  casa ya que esto no es orden, eres el sacerdote de
  la casa y por esta causa debes guiar a tu familia a
  Dios.

- No lo hagas con fuerza, busca llegar a un acuerdo
  con tu mujer de una manera sana, sino te entiende
  habla con su pastor y el tuyo; y ora para que ella
  entienda ya que esto no es un buen ejemplo para los
  hijos.

5. Cuando mi pareja es de otra cultura.

- Si es de otra cultura lo primero que debes hacer es que juntos conozcan las culturas de cada uno. Deben hacerlo por el bien de la relación porque esto traerá problemas de comunicación y choques de culturas.

- Deben empezar a aceptarse cada uno con sus diferencias.

- Aceptar que cada uno fue formado diferente y por esta causa ve la vida diferente.

- Deben ponerse de acuerdo antes de tener hijos y saber cómo van a educar los niños para no confundirlos con dos culturas.

- Tienen a Dios entonces son hijos de Dios y pueden adoptar la cultura cristiana que es ser hijos de Dios.

6. Mi pareja no quiere tener hijos.

- Lo normal es que las parejas hablen estos temas antes de casarse.

- Pero si no lo hiciste entonces es el momento de hablar con tu pareja y decirle tus deseos de tener hijos y llegar a un acuerdo de cuantos van a tener y cuando.

- Si tu pareja aun así no quiere solo te resta orar y ver si puedes aguantar esto para siempre. Este es uno de los riesgos que se corre cuando te casas sin

Consultorio
para parejas En crisis

conocer a la otra persona.

- Pueden probar buscar ayuda para que junto con un asesor puedan llegar a una solución, que tal vez sería una adopción si es que tu pareja no quiere parir, pero si no le gustan los niños es otra cosa.

7. Mi pareja es muy intelectual y yo no.

- Si la educación de tu pareja es más alta que la tuya debes tener mucho cuidado que los celos no lo separen.

- Debes sentirte feliz de tener a alguien que sea sabio y sepa más que tu; y usar esto como una bendición para los dos inclusive para la familia completa.

- Debes de hablar con él o ella si te humilla o no te gusta algo que hace ya que muchas veces las personas intelectuales pueden decir o hacer alarde de lo que saben y sin darse cuenta ofender al cónyuge.

- Si tú eres el intelectual te aconsejo que seas humilde y no humilles a tu pareja nunca.

Capítulo 20

Pecados cometidos que acarrean condenación (cómo romperlas).

La biblia dice que si confesamos nuestros pecados Dios nos perdona, esto es realmente cierto, pero hay cosas que son consecuencia de los pecados y que hacemos bien en tomar en cuenta algunos consejos para mejorar nuestras vidas después de una metida de pata.

Diferentes situaciones peligrosas en el sentido espiritual; situaciones que hay que tener cuidado y hacer todo conforme a la Palabra establecida por Dios:

1. **Cuando antes de casarse uno de los dos cometió algún error, o delito y nunca lo confesó.**

- Si tu pareja hizo algún delito y nunca te lo dijo y ahora tú te has enterado, te aconsejo que sepas bien la historia que no preguntes a terceros, sino infórmate de la boca de tu pareja.

- No le reproches por no haberte dicho; es normal que la gente tenga miedo de ser rechazado por la persona que ama.

- Deja que él o ella te explique toda la historia con calma, puede ser que tu pareja necesite tiempo para poder decirte todo, dale ese tiempo y no le presiones.

- Te aconsejo que no comiences a juzgar a tu pareja o a comentar con tus familiares y amigos la situación ya que a nadie le gusta que su vida privada ande de boca en boca, lleva la situación de una manera discreta.

- Luego con calma mira a ver si hay que pedir perdón a alguien o si hay que confesar a la ley lo sucedido y tu pareja debe pagar con cárcel o con multa o como sea penado el delito cometido.

- Recuerda que, aunque hasta ahora lo sabes, tú también correrás las consecuencias espirituales y emocionales de lo sucedido dependiendo de la magnitud de lo penado por la ley; no que tu tendrás que pagar a la ley, sino que por causa de que tu pareja deberá pagar tú serás afectado.

- Tómalo con calma, ora y busca la guía de Dios, y recuerda que es la persona responsable la que debe tomar la decisión de confesarlo ante la ley y no tú, dale ese tiempo y respeta su espacio para que lo haga.

- Si la situación pone en peligro tu integridad física o

la de tus hijos te aconsejo buscar ayuda y considerar una separación de tu pareja para proteger a toda la familia.

- Luego juntos deben confesar delante de Dios lo sucedido y pedir a Dios perdón y buscar la paz interior para el bien de toda la familia.

- Esto tomará su tiempo, pero Dios les ayudará a levantarse y comenzar de nuevo.

- Si eres la persona que ha cometido el delito o el pecado y no lo has confesado te aconsejo buscar la manera de hacerlo. Busca la guía de Dios en oración y él te ayudará.

2. Cuando no se quieren casar y quieren vivir en fornicación.

El verbo fornicar y la palabra relacionada fornicación, tiene un sentido literal y un sentido figurado en la Biblia.

Consideremos en primer lugar el sentido literal. Vamos a dar lectura al texto que se encuentra en 1 Corintios 6:18 para partiendo de allí explicar el significado literal de fornicación.

1Corintios 6:18 Versión Biblia de Las Américas*

"Huid de la fornicación. Cualquier otro pecado que el hombre cometa, está fuera del cuerpo; mas el que fornica, contra su propio cuerpo peca."

La palabra fornicación, es la traducción de la palabra

griega "pernea" Esta palabra griega contiene la raíz de una palabra muy conocida en español, la palabra pornografía. En el tema de la pornografía ya hemos explicado esto.

Pornografía tiene que ver con el carácter obsceno de obras literarias o artísticas. Fornicación entonces significa cualquier uso del sexo fuera del marco establecido por Dios. El sexo es un regalo de Dios para ser usado entre un hombre y una mujer que previamente se han casado.

Podríamos decir entonces que dentro de la fornicación están las relaciones sexuales prematrimoniales, el adulterio, el lesbianismo, el homosexualismo, la prostitución, la pornografía, el travestismo y en general cualquier otra desviación sexual. La Biblia ordena a los creyentes a huir de todo esto. Huid de la fornicación dice el texto que fue leído.

Pero la palabra fornicación también se usa en un sentido metafórico, para hablar de cualquier asociación de la idolatría pagana con doctrinas de la fe cristiana y con el apego a ella. Un uso así lo podemos ver por ejemplo en Apocalipsis 14:8.

Consejos útiles

- La fornicación es el único pecado que contamina todo el cuerpo.

- No lo digo yo lo dice la palabra de Dios.

- Aparte que, si tienes puertas abiertas a los pecados, eres también presa fácil del enemigo y muchas cosas sucederán sin que tú puedas hacer nada por causa del pecado, la biblia dice que la maldición nunca vendrá sin causa.

- Te animamos que busques una solución para casarte y si tu pareja no quiere y te das cuenta que nunca lo hará debes dejarle y confiar en Dios para que te de una pareja.

- Si tienes hijos es diferente no puedes apresurarte a dejar tu pareja ya que eso traería consecuencias para tus niños también y la situación es un poco más delicada. Debes entonces buscar personas que te ayuden a orar por la situación y proponerle a tu pareja que se casen explicándole la situación.

- En el caso que tu pareja no sea cristiana debes hacerlo poco a poco para que te entienda.

- Tampoco es sabio casarse para no pecar ya que el matrimonio es algo más importante que una tapadera de pecado. El matrimonio debe ser para disfrutar la vida con la persona que se ama.

3. Cuando hay infidelidad en secreto.

- Cuando hay engaño del tipo que sea siempre habrá conflictos en el momento en que salgan a la luz; la biblia dice que no hay nada oculto que no salga la luz.

- Si por alguna razón le has sido infiel a tu pareja debes buscar la ocasión de confesárselo y pedirle perdón; hay personas que piensan que es más sabio

esconderlo, pero yo creo que debemos hacer caso a
lo que dice la biblia que el que encubre su pecado no
prosperará.

- Si por alguna razón de enfermedad de tu pareja
o por la razón que sea no puedes hablar busca un
líder espiritual de confianza y discreto y confiesa
lo que has hecho y juntos oren para que Dios abra
puertas para decir la verdad.

- Debo decirte que corres el riesgo de que tu pareja
no comprenda el por qué de tu silencio, y tengas
consecuencias que no esperas, por esta causa debes
buscar a Dios antes de hablar.

4. Cuando se ponen de acuerdo para eliminar un bebé; es decir practicar un aborto.

- Si has practicado un aborto debes saber que has
hecho un crimen y debes arrepentirte delante
de Dios por ello y pedir perdón a Dios por haber
matado tu propio hijo.

- Esto también incluye si has aconsejado a alguien
hacerlo, si acompañaste a alguien hacerlo, si
participaste en ello, ayudando sea con dinero
transporte apoyo a quien lo iba hacer o si
simplemente te quedaste callado y no hiciste nada
eres culpable delante de Dios.

- Imagino que lo hiciste en ignorancia y que no
conocías a Dios, si es así eres libre de condenación

ya que ahora tienes a Cristo y solo tienes que arrepentirte y pedir a Dios perdón y no acordarte más de ello.

- No dejes que la culpa te mate y te haga vivir un infierno, lo que pasó ya no puedes cambiarlo, mira hacia el futuro que siempre que estamos en Cristo hay esperanza.

5. Cuando uno de los dos está en mafia, droga, alcoholismo o algo penado por la ley.

En hebreos capítulo 13 la Palabra de Dios nos enseña que debemos obedecer las leyes porque son puestas por Dios.

- Hay casos en que las personas se casan engañadas, pero también hay casos en que la gente se casa con los delincuentes solo porque tienen dinero y saben que lo pasarán bien según ellos.

- Déjame decirte si estás disfrutando de "dinero mal habido" como dicen comúnmente, siempre vienen en el camino consecuencias de estar en estas situaciones, ya que Dios no apoya que la gente consiga dinero a costa del sufrimiento que otras familias tienen al perder sus seres queridos. Dios tampoco apoya que faltemos a las leyes establecidas terrenalmente.

- Las maldiciones que esas personas tiran sobre quienes les arrebatan la vida a sus seres queridos si no te arrepientes y dejas esa vida de complicidad (aunque no hagas los crímenes si disfrutas de los

favores de quien lo hace; eres culpable como él o
ella) te alcanzará la maldición y no será sin causa.

- Créalo o no lo creas es así, el que hace maldad paga
por lo que hace.

- Te aconsejo que seas sabio y que dejes esa persona
sin hablar mucho y sin conflicto si es que lo puedes
hacer.

- Si tienes niños protégelos porque vivir en una casa
condenada a la maldición y la pérdida no es la mejor
herencia para dejar a un niño que en la mayoría de
los casos cuando crecen no tienen padres; bueno en
la vida real porque en las películas los delincuentes
y policías se vuelven amigos y siempre se quedan
vivos y libres de cárcel.

- Te aconsejo a orar a Dios por perdón y que busques
la manera de no participar de esto sin poner en
peligro tu integridad física. Porque te digo esto
porque muchas veces, aunque una persona esté
consciente de los peligros que vive no puede alejarse
ya que provocaría más situaciones con su cónyuge
que en la mayoría de los casos no quiere dejar ir a
su pareja e hijos.

- Lo que vayas a hacer debe ser hecho con cordura
y mucha oración no porque sientas miedo o culpa,
debes buscar orientación y hacerlo en el momento
correcto si te es posible y sino déjalo en las manos
de Dios que siempre abrirá un camino para ti.

6. **Cuando se tiene secretos o se dicen mentiras al cónyuge, como por ejemplo tener un hijo de otro y que tu pareja crea que es de él.**

- Si tienes un hijo de otro hombre y lo has hecho pasar como hijo o hija de otro estás en un grave problema.

- Como hemos dicho anteriormente que no hay nada oculto que no salga a la luz. Debes ver que vas hacer, pero tienes que hablar antes que pase más tiempo.

- No entiendo mucho, pero en la mayoría de estos casos casi nunca la gente habla a tiempo, mas rápido lo dices mucho mejor será.

- Toma en cuenta los puntos que hemos dado para revelar una infidelidad que también es un secreto.

- Debes hacerlo con mucha sabiduría y evitarle sufrimientos a tu niño.

- Una vez que lo hayas confesado pídele al hombre que te ayude con el niño y que no pague con él o ella la frustración de tus hechos, es una criatura inocente y no tiene por qué pagar los platos rotos de su madre.

- Si ya ha pasado mucho tiempo te aconsejo que no hables apresuradamente y una vez que estés segura de hablar no lo hagas a solas sino con una persona presente para evitar violencia de parte de tu cónyuge, recuerda que le has engañado por mucho tiempo y esto en ocasiones provocará ira de parte de la persona ofendida.

- Cualquier cosa que la hayas guardado en silencio sea por miedo, culpa o vergüenza provocará ira en la persona ofendida una vez se entere de lo que ha sucedido a sus espaldas.

- Así que te aconsejo estar preparada para las consecuencias.

- Busca alguien que te ayude a orar y a preparar el camino para hablar.

7. Cuando se ha levantado una calumnia (Decir una mentira sobre alguien).

Si alguna vez hablaste algo contra alguien y no era verdad, te aconsejo que pidas perdón por ello y confieses la verdad.

- Si fuiste testigo falso hiciste algo que Jehová aborrece, debes arrepentirte y tratar de enmendar el daño que hiciste a la persona afectada.

- La ley condena decir mentiras contra tu prójimo, Dios también lo hace, no importa cuánto problemas tengas con alguien siempre debes hablar la verdad por dura que esta sea.

- Si la persona está ya muerta pide perdón a Dios y deja que él te cure.

8. Cuando no se perdonan las faltas del pasado.

- Si alguien te hizo algo y tú no has podido perdonarle estás en problemas, la biblia dice: "perdona nuestras ofensas como nosotros perdonamos", es decir que hay condiciones para el perdón en Dios.

- No retengas el pecado de nadie ya que si lo haces estás reteniendo tu propio pecado.

- Si te es difícil pide a Dios que te ayude a perdonar y él te dará las fuerzas para hacerlo.

- Si aun así no puedes busca ayuda profesional para que las heridas del pasado puedan ser curadas y no te atrasen en tu vida presente.

- Si la persona que te ha hecho daño es tu ex pareja o la familia de tus ex debes de pedir a Dios que te ayude a perdonar y a empezar una nueva etapa en tu vida para que te vaya bien y puedas disfrutar de tu nueva pareja.

9. Si tu matrimonio fue la infelicidad de otra persona.

- Si tu matrimonio vino producto de la ruptura del hogar de otra persona; es decir que cuando tú apareciste en la vida de esta persona ya él o ella tenía pareja, sea que fueran casados o no y producto de tu persona él o ella dejó su pareja, sea que tú lo pediste o no tú eres el responsable de esa pérdida que tuvo esa persona. Aun cuando no lo sabías.

- Aun cuando no lo creas esa otra persona ha tirado maldiciones en medio de la frustración de perder a la persona que amaba por tu causa, ha dicho muchas cosas contra ti, cosas que atrasan tu vida.

- Para detenerlo ya no puedes volver atrás y dejar que esa persona sea feliz con la persona que ama, pero si puedes pedirle perdón por lo que hiciste sea personal o por carta o teléfono, pero debes hacerlo si es que aun vive.

- Debes buscar la paz con esa persona y pedir perdón por lo sucedido y pedir perdón a Dios y arrepentirte de lo que hiciste.

- Puede ser un camino largo y doloroso, pero créeme que cuando termines te sentirás muy bien de haberlo hecho y puede ser que libres un alma del rencor y el dolor de la pérdida de la persona amada.

- Hay veces que nos concentramos mucho en nuestra propia felicidad y nos olvidamos que en este mundo no somos los único que tenemos corazón y que sufrimos, debemos entender que la felicidad nuestra no puede estar en los hombros del dolor y la desgracia de otra persona, porque, aunque consigamos la persona amada, muchas cosas pasarán a nuestro alrededor que no nos dejará ser felices aun cuando nunca pensemos que esa es la causa de nuestra infelicidad.

10. Cuando se tiene hijos fuera del matrimonio y no se tratan con el debido respeto.

- Muchas personas viven sin pensar en los demás. Si tú tienes hijos fuera del matrimonio o de otro matrimonio o relación pasada o de la juventud; debes ser responsable con ellos.

- Ellos son tus hijos haya pasado lo que haya pasado, no puedes cambiar el hecho que son tu sangre y no puedes olvidar que Dios te pedirá cuenta por ellos.

- Hay cristianos que viven como que nada importa que solo su presente importa y no se preocupan por los frutos que tienen del pasado.

- Aunque no puedas vivir con tus hijos ayúdalos, reconócelos como tus hijos delante de la gente, búscalos y dales la oportunidad de tener un padre o madre no les dejes en el anonimato, no te avergüences de ellos.

- Si te necesitan y que de hecho es así ayúdales económicamente no importando las consecuencias, porque Dios no se quedará de brazos cruzados con ellos.

- La biblia dice que Dios cuida de los huérfanos y una

persona sin un padre responsable es un huérfano,
aunque su padre viva.

- Has todo lo que haces con los hijos que vives;
igualmente con los que no vives, sé una persona
justa, aunque decir esto es irónico ya que el hecho
de no estar con ello ya ellos tienen pérdida y falta de
tu amor y compañía.

- Trata de pasar tiempo con ellos y verás que las
cosas te irán mejor a ti y a tus hijos con los que
vives y los hijos de tu pasado.

- Haciendo esto ayudarás a que tus hijos en el futuro
no cometan los mismos errores que tú y ayudarás a
que el corazón de los hijos que no viven contigo no
alberguen sentimiento de odio hacia ti y tu nueva
familia.

- Ayuda a tus hijos a tratarse como hermanos,
aunque no vivan juntos, enséñales el valor y poder
que tiene la sangre al juntarlos periódicamente para
que compartan como una sola familia.

- Hoy en día hay muchas doctrinas de hombres que
están cambiando los valores que debemos tener
como hijos de Dios, no dejes que suceda lo mismo
contigo ama tus hijos.

- Recuerda que en el futuro serás abuelo, que en
el futuro envejecerás y quizás entonces pensarás
diferente de lo que ahora piensas cuida a todos tus
descendientes para que las futuras generaciones

 Consultorio
para parejas En crisis

no se levanten con dolor ira, vergüenza y odio. Rómpelos hoy.

11. Cuando hay una maldición generacional en la familia.

Es triste ver a muchas parejas luchando con problemas matrimoniales que nunca terminan y que en la mayoría de los casos terminan en un divorcio.

Familias enteras terminan divididas y destruidas. Generaciones enteras luchan con los mismos problemas familiares y nunca se preguntan cuál es la causa de esto.

Las abuelas, las madres y padres y todos los hijos les suceden los mismos acontecimientos o parecidos. No se dan cuenta de que es una fuerza más fuerte que ellos que los está guiando a división y destrucción en el hogar.

Muchas veces hay un patrón que se repite ya sea de abuso físico o infidelidad en el hogar.

Otras veces es un suceso que se repite sin que se den cuenta que es una cuestión espiritual que deben enfrentar para que se pueda romper. Como por ejemplo hijos que se crían sin padres, mujeres que caen en el adulterio, padres alcohólicos, drogadictos, maltrato físico, abortos deseados o no deseado, hijos no deseados etcétera.

Pero ¿cómo se puede romper una maldición generacional?

Este es un tema que muchos ignoran y otros se niegan a creer. La realidad es que lo creas o no estas maldiciones deben ser identificadas y enfrentadas.

No voy a tratar el tema de las maldiciones para convencerte de que es una realidad lo que voy a hacer es darte algunos puntos para que los identifiques y que sepas como comenzar el proceso de ayudarte a ti mismo en el presente a vencerlas y a dejar una próxima generación sin que tenga que enfrentar los mismos problemas.

Hay maldiciones de todo tipo, pero en este caso solo voy a abordar el tema relacionado con el matrimonio y la familia.

Si te interesa el tema busca ayuda de libros que hablen el tema y estúdialo en la palabra.

Aquí abajo te dejamos algunos consejos útiles para aprender a enfrentar las maldiciones.

- Lo primero que hay que hacer es evaluar a nuestros antepasados y los antepasados de nuestro cónyuge en relación al tema familiar. Comenzar desde los abuelos y bisabuelos.

- Si hay un historial de abandono del cónyuge o hay muchos divorcios en la familia, los hijos se han criado sin sus padres, las mujeres están solas o hay abuso físico y problemas de adulterio.

- Si es así entonces debemos saber que esto comenzará suceder en nuestro hogar también si es que ya no está sucediendo.

- Luego de identificarlo hay que ver otra área es la de las emociones. Cuáles son los patrones de conducta de tu familia y la de tu cónyuge.

- Me refiero a la manera que tienen cada familia de resolver los conflictos familiares. Evalúen y vean si en ustedes se repite el mismo patrón.

- Aunque las maldiciones son un tema espiritual debemos entender que cuando algo espiritual opera en nuestras familias por mucho tiempo, esto ha cambiado la manera que tienen nuestros familiares de actuar y esto interviene en la conducta de la gente, los patrones de pensamientos y la manera de vivir.

- Esto significa que tendrán una lucha espiritual pero también emocional ya que tendremos que cambiar patrones equivocados de convivencia, de conducta, de pensamientos etcétera.

- Debes de buscar ayuda espiritual y emocional de personas que realmente te puedan ayudar a vencer esta situación

- De antemano te aviso que este es un camino largo y que tardarás un tiempo considerable en controlar la situación y deben ser fuerte para romper los patrones aprendido de la familia.

- Deben ayunar y orar sin descansar hasta que puedan estar seguros que ya han vencido la maldición generacional de parte y parte. Es decir, tanto de tu familia como de la familia de tu cónyuge.

Capítulo 21
Problemas relacionados con el trabajo fuera de casa.

La mujer virtuosa de la biblia trabajaba, pero no fuera de casa. La era moderna ha traído consigo compromisos económicos que muchas veces el hombre solo no puede cargar; esto trae como consecuencia algunos factores que hay que tomar en cuenta a la hora de que la mujer tenga que salir de casa a trabajar.

1. Cuando la mujer trabaja fuera de casa.

Proverbios 31:15- 19 Versión Biblia de Las Américas*

"15. Se levanta aun de noche Y da comida a su familia Y ración a sus criadas. 16 considera la heredad, y la compra, Y planta viña del fruto de sus manos.

17 ciñe de fuerza sus lomos, Y esfuerza sus brazos. 18 ve que van bien sus negocios; Su lámpara no se apaga de noche.19 Aplica su mano al huso, Y sus manos a la rueca. "

Aquí vemos claramente que la mujer virtuosa de la que habla es una mujer diligente y que trabaja, aunque aquí se refiere a negocios propios.

- Si tienes que trabajar fuera de casa ten en cuenta que luego llegarás cansada y que tendrás que cocinar y hacer otras cosas del hogar.

- Algo muy práctico que pueden hacer es dividir las tareas del hogar entre los dos y luego que lleguen a casa asumir la responsabilidad del acuerdo, ya que muchas veces las cosas solo quedan en teoría y en la práctica sucede otra cosa.

- También pueden buscar una persona que ayude en las tareas del hogar, pero esto también es asumir otro compromiso económico y a fin de cuenta es la causa de que la mujer salga a trabajar el traer más dinero a la casa; si se cuenta el dinero que se va en el cuido de los niños y los gastos que traen el buscar a alguien para ayudar en la casa prácticamente la mujer sale por nada a la calle y de paso descuida lo que le corresponde delante de Dios; que es cuidar a su familia.

- Es verdad que muchas parejas lo logran sin tener pérdidas, pero hay que ser realistas hay que pagar un precio muy alto para que la mujer salga del hogar a trabajar.

- Lo más sabio sería no asumir compromisos económico mayores que los que pueden pagar con un

 Consultorio
para parejas En crisis

solo sueldo.

- Esperar que los niños sean más grandes para que la mujer trabaje o buscar la alternativa de que ella trabaje en casa en un negocio propio.

- También puedes trabajar menos tiempo. Un trabajo de medio tiempo o menos días a la semana.

- Si trabajas fuera de casa y llegas cansada no faltes el respeto a tu esposo con gritos y exigiéndole que haga cosas, haz lo que pueda y el resto déjalo así.

- Si esto trae situaciones que no pueden controlar busquen ayuda y asesoramiento profesional para hacer una rutina más sana en el hogar. La mayoría de veces con algunos ajustes se pueden lograr los objetivos.

2. Cuando el hombre no quiere trabajar.

1 Timoteo 5:8 Versión Biblia de Las Américas*

"porque si alguno no provee para los suyos, y mayormente para los de su casa, ha negado la fe, y es peor que un incrédulo."

El deber del hombre es proveer para su familia. Esto es una de las situaciones más triste de familias que yo he visto. Esto distorsiona todo el concepto del matrimonio establecido por Dios. Por esto Pablo le dice a Timoteo que el hombre que no provee para su familia ha negado la fe.

- En algunos casos la mujer trabaja por la necesidad

de traer un sueldo a la casa porque el marido no quiere trabajar; en este caso como dice pablo el tal ha negado la fe y el que no trabaje que no coma.

- Si tu marido no quiere trabajar pues no lo hagas para él a menos que tenga una enfermedad o esté pasando una crisis en la que por un tiempo no pueda trabajar de otra manera no está bien que lo hagas.

- Mantener a un hombre que se la pasa acostado durmiendo y sin hacer nada es muy mal ejemplo para los hijos.

- Aun cuando el hombre trabaje en casa y cocine no es el orden de Dios, a menos que no pueda trabajar, en este caso debes asumir los compromisos económicos tú.

- En el caso de que en tu matrimonio tengas hijos de otra relación, te aconsejo que, aunque el hombre no trabaje tu si deberías buscar algo que hacer ya que esto puede traer extra problema en el hogar.

- Dios le pedirá cuenta a cada hombre por no tomar su posición.

- Cuando el hombre no trabaja, esta situación trae consigo otros conflictos.

- Falta de respeto de los hijos hacia el padre.

- Ociosidad de parte del padre y posibles pecados

 Consultorio
para parejas En crisis

producto de la mente ociosa.

- Inseguridad en la mujer y posibles problemas emocionales y por último trae como consecuencia el divorcio o ruptura del matrimonio.

3. Cuando la mujer trabaja sola porque el hombre está impedido por alguna enfermedad.

- Si el hombre está impedido físicamente para trabajar es responsabilidad de la mujer ayudar y proveer para su familia.

- Aunque también pueden hacer un negocio junto en el cual los dos puedan ayudar a la familia.

- Recuerda que el trabajar fuera de casa te traerá mucho estrés y te sentirás irritada y puede ser que caigas en un círculo de gritos, explosiones de ira y arrepentimiento que no te conducirán a nada bueno.

- Para evitar esto te aconsejo que te planifiques bien, comas bien, duermas bien, y hagas ejercicios 3 o 4 veces por semana.

- Salgas a divertirte con tus amigas y bebas vitaminas.

- Trata de hablar con alguien de cómo te sientes y desahogarte periódicamente sin que tengas que explotar por causa del cansancio acumulado.

4. Cuando la mujer gana más que el hombre y esto trae conflictos en el hogar.

- Si ganas más que tu esposo debes tener en cuenta algunas cosas

- No hablen de "mi dinero" sino "nuestro dinero"

- Usen un solo banco donde pongan todo y paguen en conjunto.

- No le tires en cara a tu marido quien gana más, esto es humillante para los hombres.

> **Lección a aprender**
> *La infidelidad no es solo caída de uno de los cónyuges, cada uno de los dos tiene parte de responsabilidad en el asunto. En la infidelidad no solo pierde la pareja sino también los hijos.*

- No hagas comentarios con nadie de esto, ni aun con la familia.

- Deja que él se sienta útil y necesario y déjale saber cómo sería tu vida sin él.

5. Cuando el hombre trabaja fuera de casa y la pareja se ve muy poco.

- Si el hombre trabaja y pasa demasiado tiempo fuera de casa puede ser que la mujer se mantenga un poco irritada por causa de que la mujer necesita sentirse protegida y sin el hombre ella se siente insegura y por esto ella cuando él llega estalla en gritos y reproches.

- También porque ella tiene que trabajar más con los hijos ya que no está el hombre para ayudar.

- Hay que crear un buen ambiente antes que el hombre llegue a casa y tratar de disfrutar sin discusiones el tiempo que él está en casa.

- De otra manera el hombre puede buscarse un amante para satisfacer las necesidades que tiene de ser oído, aceptado y admirado.

- Algunos hombres no buscan un amante, pero si una escapatoria y procuran por todos los medios no llegar a casa ya que no quieren estar en la situación de pleito que hay en el hogar.

- Si él llega a casa y siempre hay reproche y si se sigue la rutina como si él no estuviera puede ser que él lo tome como un mensaje en su conciencia de que no es necesario en casa.

Capítulo 22

Problema de autoridad en el hogar.

Dios ha sido muy claro y le ha dado a cada quien la función que le corresponde en el hogar. Aquí no te hablaremos de las funciones ya lo hemos descripto en el tema de las familias disfuncionales, pero si te queremos dejar muy claro que el no tomar tu posición acarrea conflictos y consecuencias en el hogar, tanto el que toma el lugar de otro como el que no toma su lugar y lo deja en manos de otra persona irresponsablemente.

> **Lección a aprender**
> *No te escondas detrás de que tu mujer quiere ser el hombre si se lo permites como hombre Dios te pedirá cuentas, toma tu posición en tu casa y cumple tu papel como sacerdote del hogar sin excusas.*

Consejos útiles

1. **Mi mujer cree que ella es el hombre de la casa, siempre hay que hacer lo que ella quiere.**
   - Cuando la mujer cree que es el hombre en la

casa esto trae mucha confusión en los hijos y
problemas en la relación de pareja ya que el hombre
normalmente cuando esto ocurre lo que hace es
dejarse a un lado y dejar que ella domine.

- Hay mujeres que confunden muchas veces su
función en el hogar; si ellas ganan más dinero, si
tiene una profesión más importante, si su estatus
era más alto antes de casarse, si tiene un cargo en
la iglesia más grande que el hombre.

- Déjame decirte que la biblia dice bien claro cuál es
la posición de la mujer y es estar sujeta a su marido;
es decir que el hombre es la cabeza del hogar, el
que tiene la última palabra o que juntos buscan un
acuerdo para la familia, pero no que la mujer sea el
cacique de la casa.

2. Mi esposo no quiere trabajar ni cuidar de los niños.

- Ya dijimos arriba todo lo que sucede cuando el
hombre no quiere trabajar, pero en este caso
estamos hablando de problemas de autoridad.

- Uno de los problemas de autoridad en el hogar es
cuando el hombre no quiere trabajar que todos en el
hogar tienen que hacer algo para poder sobrevivir y
esto trae como consecuencia que el hombre no tiene
autoridad para corregir.

- Es importante que el hombre sea un protector y

sustente a su familia no solo con el alimento físico sino también con el espiritual.

- Muchas mujeres tienen que hacer el papel de hombres ya que el hombre es un holgazán en la casa y no quiere tomar su posición.

- Te aconsejo arrepentirte de esto y buscar la manera de proveer para tu familia.

- Pide perdón y considera tomar tu posición como sacerdote del hogar.

- Tanto la mujer como los hijos deben evitar que la falta de respeto se fomente en la familia y de una manera sana enfrentar la situación hablando y buscando soluciones que ayuden a toda la familia.